人民币汇率
传递效应研究

曹 伟 ◎ 著

The Study on
RMB Exchange Rate
Pass-through Effect

中国金融出版社

责任编辑：任　娟
责任校对：张志文
责任印制：程　颖

图书在版编目（CIP）数据

人民币汇率传递效应研究 / 曹伟著 . —北京：中国金融出版社，2020.9
ISBN 978 - 7 - 5220 - 0780 - 9

Ⅰ . ①人…　Ⅱ . ①曹…　Ⅲ . ①人民币汇率—汇率波动—研究　Ⅳ .
① F832.63

中国版本图书馆 CIP 数据核字（2020）第 159738 号

人民币汇率传递效应研究
RENMINBI HUILÜ CHUANDI XIAOYING YANJIU

出版
发行　中国金融出版社

社址　北京市丰台区益泽路 2 号
市场开发部　（010）66024766，63805472，63439533（传真）
网 上 书 店　http：//www.chinafph.com
　　　　　　　（010）66024766，63372837（传真）
读者服务部　（010）66070833，62568380
邮编　100071
经销　新华书店
印刷　保利达印务有限公司
尺寸　169 毫米 ×239 毫米
印张　13.25
字数　151 千
版次　2020 年 9 月第 1 版
印次　2020 年 9 月第 1 次印刷
定价　46.00 元
ISBN 978 - 7 - 5220 - 0780 - 9
如出现印装错误本社负责调换　联系电话（010）63263947

人民币汇率
传递效应研究

The Study on
RMB Exchange Rate
Pass-through Effect

目 录

◀ 微观篇 ▶

◀ **综合篇** ▶

人民币汇率
传递效应研究

The Study on
RMB Exchange Rate
Pass-through Effect

导　论

一、研究背景

汇率传递是指一国汇率变动对以本币计价的进口价格以及国内物价水平的影响。从已有文献来看，汇率传递相关研究主要表现在两个方面：进口价格的传递效应以及出口价格的传递效应①。

从微观层面而言，汇率传递的大小程度，表明了面对汇率的变动，外国出口企业如何在目的国市场定价；换言之，汇率传递的大小程度说明了外国出口企业定价权的大小。从行业层面来看，行业层面的汇

---

① 严格来说，汇率传递是指汇率变动对以产品目的国货币计价的贸易品价格的影响。所谓进口汇率传递和出口汇率传递，其含义本身没有必然的差别，因为一国的出口是另一国的进口。从现有研究来看，由于一国的进口物价水平会影响国内总体物价水平，因此很多文献基于进口国的角度来研究汇率传递。除了研究进口汇率传递，也有大量文献研究汇率变动对国内总体物价水平的影响。本书主要基于进口价格和国内物价水平两个层面，研究人民币汇率传递效应。

率传递效应大小，反映了一国行业在国际进口市场中有无定价权。以人民币对美元汇率变动为例，当人民币升值时，美国出口企业不一定会降低以人民币计价的销售价格[①]，也就是说升值的人民币汇率传递效应趋于零，如此说明美国企业在中国进口市场具有很强的定价权；站在中国进口市场的角度，则说明中国在这类产品的进口中缺乏定价权。从宏观层面来说，汇率传递效应会影响一国货币政策操作实践。汇率变动通过影响微观企业或行业的进口价格来影响一国国内物价水平（CPI），而 CPI 的变动，正是货币当局十分关注的问题。综上所述，无论是从微观还是宏观层面来看，研究汇率传递效应均具有十分重要的理论和现实意义。

自 2005 年 7 月 21 日人民币汇率形成机制改革（简称汇改）以来，汇率传递问题引起了国内外学术界的广泛关注。早期研究主要围绕人民币汇率变动对进口价格以及国内物价水平的传递效应开展，研究视角较为宏观。后来，运用行业（产品）进出口贸易数据自行编制特定行业（产品）名义有效汇率指数、研究微观层面的进口汇率传递效应的文献大量涌现。近年来，随着研究的深入，基于非对称性视角研究汇率传递的成果也逐步显现。

本书分为三大篇：宏观篇、微观篇和综合篇。宏观篇主要研究了美国次贷危机之前人民币汇率变动对我国物价水平的传递效应，同时单独考察了 2005 年汇改之后至 2008 年人民币处于升值通道期间，人民币汇率对国内 CPI 和进口价格的传递效应，并回答了通过人民币升

---

① 依据国际金融理论，一国货币升值时，以本国货币计量的进口价格趋于下降，反之则相反。

值能否抑制中国在此期间的通货膨胀问题。此外，本书基于非对称性视角，即人民币处于升值和贬值两种不同状态，分析了进口汇率传递效应存在怎样的不同，并从中国在国际市场上具有的定价权的大小这一角度，进行了深入解读。微观篇主要基于行业视角研究了人民币汇率变动如何影响进口价格，进而影响国内 CPI。另外，本书深化了汇率传递非对称理论基础，并选择原油行业，研究了人民币汇率变动对原油进口价格的影响，深入探讨了中国在石油进口市场中的定价权。综合篇使用中国省际层面的面板数据，基于非对称性视角，从宏观层面研究了 2005 年汇改至 2018 年人民币汇率对进口价格传递效应的大小。在综合篇中，本书运用行业数据对人民币汇率传递非对称性效应做了详细的分析，还首次考察了"一带一路"倡议对人民币进口汇率传递效应的影响。政策建议部分将汇率传递问题放到中美错综复杂的经贸关系大背景中，提升了研究的理论意义和战略高度。

本书的章节安排如下：导论部分主要做了文献梳理与评述，从各个角度对国内外相关研究进行了深入的梳理和总结，并进行了详细的评述，从中得到了很多研究启示。第一章、第二章、第三章属于宏观篇。第四章和第五章属于微观篇。第六章属于综合篇，基于"一带一路"倡议背景，运用省际和行业两个层面的数据，研究了人民币汇率变动的进口传递效应。第七章是研究总结。

二、研究历史与研究进展评述

汇率传递问题一直是国际经济学领域重要的研究课题。从微观层面而言，研究汇率传递，实质上是探讨贸易企业面对汇率变化如何定价这一问题。从宏观层面来说，贸易企业面对汇率变动如何定价，将最终关系到汇率变动对一国进口价格水平进而对国内物价水平的影响程度，而汇率变动对物价水平的传递程度将最终影响一国汇率变动对国际收支调节的有效程度，同时影响该国的货币政策操作实践，因而具有十分重要的研究价值。

汇率传递理论的形成，源于下述背景。1973 年，布雷顿森林体系崩溃，主要发达经济体相继实施浮动汇率制，试图使汇率成为调节国际收支失衡的重要工具。然而，自 20 世纪八九十年代以来，全球主要发达国家出现了广泛的、不同程度的"汇率调整之谜"（Exchange Rate Adjustment Puzzle），即汇率未能如经济学家和政策制定者预期的那样发挥调节国际收支失衡的作用。以日本为例，广场协议后的日元大幅升值，并未在长期内有效减少日本对美国的贸易顺差。起初，学术界试图用"弹性悲观主义"解释"汇率调整之谜"。然而，大多数工业化国家满足汇率有效调节贸易收支的马歇尔—勒纳条件，但现实中，汇率变动的国际收支调节功能依然十分有限。对此，经济学家不得不从其他视角来解释"汇率调整之谜"，汇率传递理论应运而生。早期经济学家基于全球化背景，主要从产业组织、跨国公司以及垂直一体化等微观角度探究汇率"失声"的原因（Dornbusch，1976；Dornbusch，1987；Sibert，1992），研究普遍认为汇率每变动 1 个单位，对出口（进口）产品价格的影响往往小于 1 个单位，即汇率传递大多是不完全的，这一发现从很大程度上解释了"汇率调节之谜"。之后，学术界从价格黏性、依市定价、配送成本等微观视角以及通货膨胀环境、对外开放程度、经济总量等宏观视角进一步探讨了"汇率调节之谜"，即汇率传递为何不完全。其中，依市定价（Pricing to Market，PTM）理论是探讨"汇率调节之谜"最核心的理论，是研究汇率不完全传递的理论基石。近年来,学术界以依市定价理论为研究主线,从异质性(包括企业经营绩效异质性和产品质量异质性两个方面)和非对称性双重视角更加深入地研究了"汇率调节之谜"。

综上分析,本书以汇率传递理论早期研究为起点,梳理近30年来的文献,以依市定价理论为研究主线,分析汇率传递效应大小的宏观、微观影响因素,并围绕依市定价理论,从异质性和非对称性双重视角对汇率传递不完全的原因做了较为全面的综述。本书的研究有利于明确未来进一步研究汇率传递问题的方向;同时,在人民币汇率形成机制改革稳步推进、人民币汇率处于双向波动新常态这一大背景下,本书的研究将为我们后续深入探讨人民币汇率传递问题提供许多新的思路。

(一)早期汇率传递不完全研究综述

1. 研究脉络

早期无论是基于宏观视角还是基于微观视角研究汇率传递问题的文献(Goldberg 和 Knetter,1997;Campa 和 Goldberg,2002),基本都以出口企业利润最大化为理论研究基础,在这一前提下推导得到汇率传递效应方程,研究内容主要为汇率传递效应大小及其影响因素,研究对象主要集中于发达国家,因为发达国家是国际贸易市场中的"做市商"(Mallick 和 Marques,2012)。后来,随着新兴市场经济体诸如中国、印度、俄罗斯、巴西以及南非等国对外开放进程的加快,基于总量数据,有关这些国家汇率传递效应的研究(Barhoumi,2006;Choudhri 和 Hakura,2006;Choudhri 等,2005)开始涌现。无论是针对发达国家还是发展中国家的研究,结论均表明,汇率传递效应是非充分的、不完全的,只不过与发达国家相比,发展中国家汇率传递效应相对更大。

2. 研究内容

就研究内容而言，一类文献集中研究汇率传递效应的大小，即汇率传递效应到底有多么不完全；另一类文献注重探讨汇率传递不完全的成因，即汇率传递效应为何不完全。如果说汇率传递效应大小是一个实证问题，那么不完全汇率传递成因更多地是一个理论问题。从已有文献来看，对汇率传递不完全的成因探讨，是汇率传递理论研究最重要的内容。对此，已有文献主要从两个层面出发开展分析：一是宏观层面，主要从通货膨胀环境、汇率波动率、对外开放程度及国民生产总值等方面着手，分析汇率传递为何不完全。二是微观层面，主要包括进口产品组成、配送成本（distribution cost）及依市定价等因素。其中，微观层面最为经典的理论是 PTM 理论，该理论不仅是分析汇率不完全传递微观原因的基础，而且也是分析宏观原因的重要基石，最近几年有关汇率传递的最新理论发展基本都围绕 PTM 理论开展研究。

（1）宏观层面。首先是通货膨胀环境与不完全汇率传递研究。Taylor（2000）从一国通货膨胀状况着手，立足于微观企业定价的滞后性、市场环境的垄断性两个视角，从实证角度探讨了通货膨胀与汇率传递两者之间的关系。他认为，当汇率贬值或其他原因导致企业成本永久性增加时（外来冲击具有持续性，不是暂时的），即使企业提前制定了产品价格，外来冲击也会迫使企业逐步对产品成本的永久性增加作出反应。从这个意义上讲，在持续较高的通货膨胀环境（成本持续性增加）下，汇率传递效应较大；相反，如果外来冲击只是暂时的，或者在通货膨胀率很低的情况下，企业出于调整成本的考虑，一般不会对汇率的变动作出太大的反应，此时的汇率传递效应就会较小。Campa 和 Goldberg（2002）认为，20 世纪 90 年代发达国家汇率传递效应整体呈现下降趋势，且与发展中国家相比，汇率传递效应更低。对此，他们认为这归因于发达国家更低的通货膨胀水平。Alexius 和 Vredin（1999）研究了瑞典出口企业的汇率传递效应，发现 PTM 行为在瑞典出口企业中普遍而持久地存在，PTM 主要受产品目的国需求状况影响。他们还认为物价水平的剧烈波动将影响市场需求，从而使企业的 PTM 行为变得更为复杂。Gagnon 和 Ihrig（2004）考察了 20 个工业国家 1971—2003 年汇率变动对国内物价的传递效应与通货膨胀环境的关系，结果表明，这些国家自 20 世纪 80 年代以来普遍存在汇率传递效应下降的现象，并且汇率传递效应的变化与通货膨胀的变化率（variability of inflation）存在显著的关系，致力于稳定通货膨胀的货币政策将导致较低的汇率传递效应。Reyes（2007）认为，Taylor 所阐述的通货膨胀与汇率传递的正向关系，归根于这些国家实施了通货膨胀目标制。Reyes 的研究为这些国家实施通货膨胀目标制提供了实证支持。

其次是汇率波动率与不完全汇率传递研究。关于汇率波动率与汇率传递效应的关系，学术界没有达成共识。Campa 和 Goldberg（2002）以经合组织国家的经济数据为观测值，研究了汇率传递和进口价格之间的关系。其研究结果表明，通货膨胀水平越高、汇率波动越大，汇率波动对进口产品价格的传递效应也就越大。Devereux 和 Yetman（2002）的实证研究表明，汇率波动越大，贸易企业越有可能将汇率变化传递至产品的消费者购买价格这一最终环节，因而两者存在正向关系。此外，一些学者就两者的关系提出了截然不同的观点。Froot 和 Klemperer（1989）认为，当汇率波动很大时，出口企业为了维持在目标国的市场份额，宁可选择接受目前汇率变动可能带来的损失而保持出口产品价格基本不变。在这种情况下，汇率变动对进口价格（以目标国本币表示）的传递程度就会较低，即汇率传递是不完全的。对此，McCarthy（1999）和 Frankel 等（2005）的研究也得到了相似的结论。

最后，经济体的对外开放程度和国民生产总值规模也是影响一国汇率传递效应的重要因素。Dornbusch（1987）认为，如果一国外来出口企业在数量和规模上超过本国同类企业，则该国汇率传递效应相对较大（因为开放程度较高）。Ghosh 和 Rajan（2009）认为，一国的对外开放度对汇率传递的影响体现在两个方面：一方面，一国开放程度越高，国内物价水平受外界的影响就越大，因而汇率变动对本国物价水平的影响也就越大；另一方面，对外开放程度越高，本国进口产品市场竞争越激烈，企业为了保持原有的市场份额，可能自己吸收汇率变动冲击的影响，因而汇率传递效应就越小。Campa 和 Goldberg（2002）认为，从理论上讲，国民生产总值规模越大，该国的汇率传递效应就越小，但他们通过实证考察并没有发现两者之间存在必然的关系。Frankel 等（2005）从实证角度考证了国民生产总值规模与汇率传递效应之间负向关系的存在。Mallick 和 Marques（2012）的研究表明，一国国际化程度是汇率传递效应的主要影响因素，而经济体自身发展水平并不显著影响汇率传递效应的大小。

（2）微观层面。从微观层面研究汇率传递不完全的影响因素时，早期文献主要从以下几个方面入手。

一是价格黏性。短期价格黏性导致以产品目的国货币计价的进口价格对汇率变动不敏感（Engel，2004；Gopinath 等，2010）。

二是依市定价。出口企业采取 PTM 策略，即面对汇率的变动，出口企业在不同的产品目的地市场，实施不同的成本加成策略，从而使相同产品在不同目的地市场的价格不同（Atkeson 和 Burstein，2008；Knetter，1989、1993）。

　　三是配送成本。人们普遍认为，配送成本在进口产品销售价格中比重的提高，将降低汇率的传递效应。所谓配送成本，主要包括交通、仓储、保险等各项附加成本以及发生在进口国的可能存在的增值成本[①]。不难理解，进口产品要经过配送环节才能到达消费者或生产者终端。配送成本的增加，很可能导致进口价格（不含配送成本）在进口产品零售价格中的比重下降，因而降低汇率变动对零售价格的传递效应。Burstein 等（2003）的研究表明，配送成本能够解释进口产品零售价格和进口价格之间的差异。进口产品配送部门是连接外国出口企业和最终消费者或生产者的纽带，换句话说，进口产品只有通过外国出口企业的生产和配送部门的配送才能最终到达消费者或生产者手中。配送部门投入越多（配送成本越大），则外国出口企业生产投入成本在进口产品零售价格中的比重越小。他们的结论实质上表明，配送成本的存在，减少了汇率变动对零售价格进而对国内物价的传递效应。Campa 和 Goldberg（2006）也从配送成本视角研究了 OECD 21 个成员国的汇率变动对 CPI 的影响。研究发现，配送成本占居民购买价格的30%～50%，较高的配送成本导致了较低的汇率传递效应。平均来说，汇率每变动 1 个单位，CPI 仅变化 0.17 个单位。

　　四是进口产品组成。部分文献通过进口产品组成变化来解释汇率传递效应不完全或下降问题。Campa 和 Goldberg（2002）从宏观和微观两个视角就 OECD 的 25 个成员国汇率变动对进口价格的传递效应做

---

① 一般而言，配送成本受汇率变动的影响比较小，相对稳定。

了实证研究,发现汇率传递效应自20世纪90年代以来普遍呈下降趋势,并且微观因素特别是进口产品结构和出口企业定价行为对汇率传递的影响相对较大,而宏观因素,如前文提及的通货膨胀环境、汇率波动率的影响相对较小。Otani 等（2003）、Fujii（2004）对日本的汇率传递效应进行了考察,其研究表明汇率的进口价格传递效应同样在 20 世纪 90 年代趋于下降。Otani 等（2006）再次对 1980 年 1 月至 2003 年 12 月日本的汇率传递效应进行了实证研究,认为汇率变动对包括化工产品、大型机械设备及电子产品、设备在内的单个门类进口产品价格的传导效应下降,能在很大程度上解释 20 世纪 90 年代以来日本汇率变动对总进口价格（不包括初级产品价格）的长期传递效应下降现象;汇率变动对包括初级产品价格在内的总进口价格的传递效应也是下降的,因为初级产品进口份额（初级产品价格对汇率的变动比较敏感）占日本进口总份额的比重不断下降。

在上述影响因素中,PTM 理论最有说服力,因而也最有代表性。我们认为,PTM 理论是分析汇率传递不完全成因最重要的理论基石。不难理解,影响汇率传递效应的宏观变量,如通货膨胀,同样是通过影响企业的 PTM 行为来影响汇率传递效应大小的,汇率变动后,在不同的通货膨胀环境下,出口企业会作出不同的定价反应。对汇率传递效应不完全的宏观解释,说到底还是要揭示其微观原因。

（3）PTM 理论。PTM 理论的提出,最早可追溯至 Krugman（1986）的研究。该文正式系统地提出什么是依市定价,并对其做了详细的定义和解读。

依市定价理论认为,汇率变动时,出口企业为维持在国外的市场份额,有可能自发调整成本加成,以保持以目的国货币计价的出口产品价格基本稳定，从而使汇率传递不完全。不难理解，企业依市定价很可能导致同样的产品在不同目的国市场出现较大的价格差异。PTM理论的提出源于这一现象：20 世纪 80 年代中期美元升值，德国汽车在美国的售价要比在欧洲的售价高出 30% ~ 40%。也就是说，PTM 现象存在的一个前提是市场处于分割状态，在一个完全融合的市场，不可能出现如此巨大的价格差异。PTM 的实质，说到底是研究面对汇率的波动，出口商针对不同目的国市场如何定价的问题。

从宏观层面来讲，在这一定价机制的作用下，出口企业可以在外国（进口国）实施价格歧视政策，因此名义汇率的变动不会完全传递至进口产品价格，进而进口国消费者价格受汇率变动冲击的影响较小。不难理解，汇率传递不充分弱化了一国支出转换效应，同时为货币政策操作腾出了更多的空间，货币政策也更有效率（Bhattacharya 和 Thomakos，2008）。

鉴于 Krugman（1986）、Marston（1990）以及 Goldberg 和 Knetter（1997）等学者的研究，我们容易知道，厂商的 PTM 能力取决于边际成本和需求弹性。一般地，PTM 理论可简要表述为从本国出口企业利润最大化的一阶条件出发，研究得到出口企业利润最大化时的出口最优外币价格，即

$$p_{it}^{*} = \left[\, \varepsilon_{it} / (\varepsilon_{it} - 1) \,\right] MC_{it} \qquad (1)$$

其中，p_{it}^{*} 表示出口企业的最优外币价格，$\varepsilon_{it} / (\varepsilon_{it} - 1)$ 代表以国外需求弹性 ε_{it} 表示的成本加成，MC_{it} 表示边际成本。若用弹性来表示，则以本币表示的出口产品价格对汇率变动的反应与以产品目的国货币（外币）表示的价格对汇率变动的反应，二者之间的相互关系可表述为

$$\varepsilon_{ex} = \varepsilon_{im} - 1 \tag{2}$$

其中，ε_{im} 代表以外币表示的进口价格的汇率弹性，也就是本国出口产品的汇率传递效应大小；ε_{ex} 代表以本币表示的出口价格的汇率弹性，也就是本国出口商的 PTM 程度，其数值越大，表明 PTM 程度越高。由式（2）不难理解，当汇率传递效应为零时，即出口企业自身全部吸收汇率变化，具有完全的 PTM 能力（$\varepsilon_{ex}=-1$）；当汇率完全传递时，则不存在 PTM 行为；大多数情况下，出口企业具有一定的 PTM 能力，即 $-1 < \varepsilon_{ex} < 0$。

PTM 理论提出之后，有关 PTM 成因的研究文献大量涌现。施建淮（2010）基于市场分割的前提，从需求和供给两个角度对已有文献做了梳理，分析了企业的 PTM 行为。其中，从需求面考虑的因素有价格歧视（Krugman，1986；Marston，1990）和市场份额（Froot 和 Klemperer，1989；Feenstra 等，1996），从供给面考虑的因素有沉没成本（Baldwin 和 Krugman，1989；Dixit，1989）和调整成本（Kasa，1992）。一般而言，PTM 能力越强，面对汇率的变动，企业越有可能根据需要及时调整成本加成，维持产品以目的国货币计价的价格不变，即汇率传递效应趋于零。

（二）汇率传递不完全影响因素研究最新进展：异质性视角下的依市定价

近年来，汇率传递理论和实证研究都取得了新的进展。学术界从主要围绕对汇率传递效应大小程度、汇率传递不完全影响因素的考察，逐步发展到对不同行业、不同产品传递效应异质性大小、原因的探讨。Gaulier 等（2008）将汇率传递率因产品不同而存在较大差异的现象称为汇率传递的"产品异质性"。同样，汇率传递因企业不同而存在较大差异的现象可称为汇率传递的"企业异质性"①。对汇率传递效应异质性的考察，是从更为细化的微观层面深入研究汇率传递问题。

本书认为，早期研究主要从贸易企业外部环境着手来分析 PTM 的宏观和微观成因。无论是通货膨胀环境、对外开放程度等宏观因素，还是市场结构、价格歧视等微观因素，都可以归类于外部原因。近年来，学术界从企业本身（如企业业绩表现、企业生产率的不同）以及企业产品本身的属性出发探讨 PTM 行为成为新的理论研究方向。具体而言，从企业经营绩效以及产品质量的异质性角度出发，研究企业的 PTM 行为与汇率传递效应是近几年理论研究的重大突破，这也为汇率传递的"企业异质性"和"产品异质性"提供了新的理论解释。下文将主要围绕企业经营绩效和产品质量两个因素，分析它们如何影响企业的成本加成（需求弹性）和边际成本，进而如何影响企业的 PTM 行为与汇率传递效应大小。

1. 企业经营绩效影响企业的 PTM 行为和汇率传递效应

（1）企业经营绩效影响 PTM 行为和汇率传递效应大小的理论机制。从企业自身角度而言，PTM 是企业的内生行为，公司经营表现越优，其通过调整成本加成吸收汇率变动的冲击以维持产品在目的国价格不变的能力越强，PTM 能力越强，汇率传递效应往往越低。

从现有文献来看，研究主要从三个不同渠道分析企业经营绩效不同导致 PTM 行为的异质性，即企业经营绩效分别通过生产率、产品替

---

① 一般来说，从宏观层面研究汇率传递的文献很少论及"异质性"问题，从国家整体层面研究汇率传递效应，得到的汇率传递效应大小是平均意义上的、同质性的，结论往往掩盖了不同行业或不同产品汇率传递效应可能存在的差异，即下文反复提到的"异质性"。

代弹性以及配送成本影响企业的 PTM 行为。

第一，生产率（一般是指劳动生产率或全要素生产率）与 PTM 能力。生产率通过影响需求弹性和成本加成来影响企业的 PTM 能力。Melitz 和 Ottaviano（2008）用生产率 ϕ 来识别不同的企业。企业出口产品至目的国 j，需求函数可表述为

$$\frac{p_j(\phi)}{\varepsilon_j} = a - bx_j(\phi) - \mathrm{d}X_j \quad （3）$$

求解利润最大化函数，最终可得到

$$p_j(\phi) = \frac{1}{2} w\tau_j \left(\frac{1}{\phi^*} + \frac{1}{\phi}\right) \quad （4）$$

其中，$1/\phi^* = (\varepsilon_j/w)\left[(a-\mathrm{d}X_j)/\tau_j\right]$，实际汇率 $q_j = w_j\varepsilon_j/w$，则汇率变动的出口价格弹性为

$$e_{p_j}(\phi) = \frac{\dfrac{\mathrm{d}p_j(\phi)}{\mathrm{d}q_j}}{\dfrac{q_j}{p_j(\phi)}} = \frac{\phi}{\phi+\phi^*} = 1 - \frac{\phi^*}{(\phi+\phi^*)} \quad （5）$$

其中，q_j 为实际汇率；$p_j(\phi)$ 表示以出口企业所在国货币计价的出口产品价格；ε_j 表示本币兑换外币的汇率；$x_j(\phi)$ 表示目的国消费者对特定企业出口产品的需求量；X_j 表示目的国消费者对所有产品的需求量；a、b、d 为正参数；w、w_j 分别表示本国和外国工资增长率（用来衡量通货膨胀水平）；$\tau_j > 1$，表示本国与目的国 j 之间的单位贸易成本；$e_{p_j}(\phi)$ 表示汇率变动的出口价格弹性，依据前文给出的 PTM 理论公式，$e_{p_j}(\phi)$ 表明了 PTM 能力大小。

式（5）表明，汇率变动的出口价格弹性随生产率 ϕ 的提高而增大。值得注意的是，该模型采用的是间接标价法，出口价格用本币表示，

当本国货币贬值时，生产率较高的企业①，将倾向于提高出口价格，所以汇率变动的价格效应随生产率的上升而提高。一般来说，汇率传递效应是指汇率变动对以产品目的国货币标价的出口价格的影响程度。Melitz 和 Ottaviano（2008）的研究实质上表明，生产率越高的企业，面临的需求弹性往往越低，当本国货币贬值时，企业提高成本加成，维持出口产品在目的国 j 的价格不变，汇率传递效率趋于零。换句话说，生产率越高的企业，越有能力及时调整成本加成，即企业在外国市场具有越强的 PTM 能力。

第二，产品替代弹性与 PTM 能力。Atkeson 和 Burstein（2008）基于古诺模型，假定不同部门的产品需求面临稳定的替代弹性，且部门之间的产品替代弹性小于部门内部产品间的替代弹性。在这一假定前提下，同一部门的绩优企业占有更大的市场份额，因而在定价时可以设定更高的成本加成（产品替代弹性小，企业有垄断定价权）。理论上讲，面对本国实际汇率贬值，绩优企业的市场份额可能进一步扩大，但在现实贸易中，由于产品替代弹性小，企业更有可能作出增加成本加成的反应，因此具有更强的 PTM 能力。

第三，配送成本与 PTM 能力。以 Corsetti 和 Dedola（2005）的研究为基础，考虑到贸易品的配送成本，Berman 等（2012）考察了企业PTM 行为的异质性。对于普通产品而言，当本国货币贬值时，本国出口企业在产品目的国市场的需求弹性上升，其中一个重要原因在于产品以进口国货币计价的进口价格下降，价格下降一定幅度后，需求量

---

① 一般来说，生产效率越高，企业盈利能力越强，因此，面对汇率的波动，企业有能力及时调整成本加成以维持或改变在目的国市场的销售价格。

可能更大幅度地上升，需求弹性增加。然而，考虑到配送成本（配送成本一般以产品目的国货币计价，不受汇率影响）之后，本国货币贬值引致的产品需求价格弹性下降，因为在产品目的国消费者购买的进口产品价格中，进口价格所占份额下降（消费者最终购买价格包括配送成本，配送成本越高，下降幅度越大）。Berman 等（2012）认为，对于经营状况越好、经营业绩越优的本国出口企业而言，当本国货币贬值时，产品在目的国市场的配送成本越高，汇率变动对产品在目的国市场销售价格的影响越小，则企业越有可能采取提高出口产品价格（提高成本加成）的定价策略，即企业的 PTM 能力越强。

　　基于以上三类模型的实证研究，都需要解决两个问题：一是汇率变动对出口价格的影响，即汇率传递效应问题；二是汇率变动对出口需求量的影响问题。公式化为

$$e_{p_j}(\phi) = \frac{\mathrm{d}p_j(\phi)\, q_j}{\mathrm{d}q_j p_j(\phi)} \qquad (6)$$

　　式（6）即汇率传递效应。

$$e_{x_j}(\phi) = \frac{\mathrm{d}x_j(\phi)\, q_j}{\mathrm{d}q_j x_j(\phi)} \qquad (7)$$

　　式（7）即汇率变动的需求弹性。

　　如前文所述，ϕ 为企业的生产效率，每家企业有不同的 ϕ，因此 ϕ 也成为企业的标识。q_j 为实际汇率，$p_j(\phi)$ 为出口价格（以产品目的国货币标价），$x_j(\phi)$ 为出口需求量。研究企业 PTM 行为的异质性，影响大小取决于两类效应，即 $e_{p_j}(\phi)$ 和 $e_{x_j}(\phi)$ 的大小。下文的实证研究文献主要围绕这两类效应开展分析。

　　（2）企业经营绩效影响 PTM 行为和汇率传递效应大小的实证研究。

Dekle 等（2009）、Imbs 和 Mejean（2009）的研究表明，基于异质性
企业或部门得到的总量数据研究汇率变动的出口（金额）弹性容易引
发实证结果的偏离。对此，Berman 等（2012）基于出口企业层面的数
据，从企业自身经营状况出发，研究了不同企业 PTM 行为的异质性。
研究发现，企业规模越大，生产经营越优，则越有能力通过调整成本
加成来吸收汇率变动对产品价格的冲击。他们运用法国海关数据和贸
易企业业绩数据，分析了 1995—2005 年，面对汇率的波动，企业定价
行为的异质性。实证结果表明，汇率每贬值 10%，出口产品的价格（用
欧元表示）仅上升 0.8%；出口企业全要素生产率标准差每增加 1 个
单位（企业的经营风险增加，经营绩效面临的不确定性增加），汇率
传递效应将从 0.8% 上升至 1.3%；出口企业劳动生产率标准差每增加
1 个单位，汇率传递效应则上升至 3%。不难发现，经营绩效表现不同
的贸易企业，PTM 能力不一，汇率传递效应也因此表现出很强的异质
性。企业生产效率变动幅度越大（或认为企业的生产经营风险越大），
企业的 PTM 能力越弱，汇率传递效应越大；相反，企业生产经营状况
越稳定，则 PTM 能力越强。另外，他们还发现，汇率每贬值 10%，
在不考虑企业业绩的条件下，企业出口金额增加 4%，但如果企业的
全要素生产率每提高 1 个标准差单位，出口弹性下降至 2.8%，说明生
产率越高的企业，其产品对汇率变动（进而对价格变动）越不敏感。
Chatterjee 等（2013）基于单个企业生产多样化产品的假设前提，分析
了 1997—2006 年（巴西的汇率在此期间处于剧烈波动状态）巴西不同
出口企业定价行为的异质性，研究表明，企业的生产效率越高，PTM
能力越强，汇率传递效应越低。

　　（3）研究评述。从上述分析不难发现，汇率传递效应的异质性源

于 PTM 行为的异质性，而企业 PTM 行为的异质性，在于企业的生产效率和经营状况不同。换句话说，企业的生产效率和经营状况影响了企业的 PTM 行为，进而影响了汇率传递效应。如前文所述，早期的理论研究主要围绕 PTM 成因做了较为深入的探讨，但早期学术界针对不同经营状况的企业分析其 PTM 能力的理论研究十分有限。不难理解，基于总量数据的研究得到汇率传递不完全的结论，事实上没有考虑到不同企业（如生产率不同）面对汇率变动可能出现的行为差异和定价差异。与单纯研究汇率变动对进出口贸易整体影响的实证分析相比，基于 PTM 行为异质性视角研究汇率变动对外贸企业贸易量的影响，可以解决基于总量数据的研究掩盖不同企业的汇率传递效应可能存在结构性差异这一问题，从而为政策当局制定更为细化的贸易政策提供理论和实证依据。

2. 产品质量对企业 PTM 行为和汇率传递效应大小的影响

近年来，学术界开始深入更为微观的产品层面研究汇率传递异质性。我们知道，同类行业的企业生产的产品往往具有不可完全替代性，即便是同一家企业，生产的同类产品也会存在差异。那么，产品本身属性与汇率传递效应之间存在怎样的联系呢？事实上，产品质量[①]是产品十分重要的属性之一，Kugler 和 Verhoogen（2012）、Baldwin 和 Harrigan（2011）以及 Johnson（2012）均认为，每家企业与其他企业都有不同，识别企业异质性的一个关键的方法是分析这些生产企业产

---

① 绝大部分文献以贸易品的单位价值为产品质量的衡量标准，一般而言，价值越高的产品，质量也越高。Hummels 和 Klenow（2005）以及 Schott（2004）从供给层面研究发现，出口企业人均收入越高，出口产品质量就越高；Hallak（2006）则从需求层面分析表明，一国越富有，对外国高质量产品的需求就越大。

品质量的差异。近年来，从产品质量角度研究企业 PTM 行为和汇率传递效应是汇率传递理论十分重要的研究进展。

（1）理论分析。通过研读已有文献（Berman 等，2012；Chatterjee 等，2013；Chen 和 Juvenal，2016）我们发现，研究产品质量与 PTM 以及汇率传递效应之间关系的理论模型，实际上存在一个假定条件：产品质量越高，企业的边际成本越高。对此，Hallak 和 Sivadasan（2011）基于局部均衡框架，经过严密的数学推导，从理论上证实了两者的关系。他们认为，产品质量越高，企业支付的工资成本越高，使用的资本密集度越高，因而导致企业的边际成本越高。此外，Baldwin 和 Harrigan（2011）以及 Crinò 和 Epifani（2012）的研究均表明两者存在正相关性。Basile 等（2012）的研究认为，企业采取 PTM 策略，不仅是针对产品在目的国市场价格竞争（能力）变化而作出的调整，也是针对消费者品位改变而作出的正常反应。高质量产品往往具有较低的替代弹性和较高的成本加成两大特点，因而生产企业更能积极应对汇率变动对价格的冲击。

在上述前提下，不少文献从理论上探讨了产品质量对企业 PTM 行为和汇率传递效应的影响。Berman 等（2012）假定一家企业只生产一种产品，用生产效率和产品质量区分企业特点，研究了生产效率（前文已有论述）和产品质量对企业 PTM 行为和汇率传递效应的影响。研究认为，当实际汇率变动时，产品质量越高的企业，越有能力改变以本国货币标价的出口价格，换句话说，其在目的国市场的 PTM 能力越强。

Chatterjee 等（2013）拓展了 Berman 等（2012）的理论模型，将一家企业只生产一种产品的限制性条件放宽，认为企业生产多样化的产品，且每家企业都有一种代表本企业核心竞争力的核心产品（产品质量最高），其他产品与企业核心竞争力差得越远，则企业生产这类产品越没效率。当汇率变动时，与核心产品越相似的产品，企业越有能力改变其出口价格（本币标价）。

从已有研究成果来看，研究产品质量对企业 PTM 行为与汇率传递效应影响的文献中，Chen 和 Juvenal（2016）的理论研究最具代表性。他们基于 Berman 等（2012）以及 Chatterjee 等（2013）的研究思路，拓展了 Corsetti 和 Dedola（2005）的模型，研究假定同一企业生产不同质量层次的产品。与以往研究有所不同[①]的是，基于产品质量研究企业 PTM 行为和汇率传递效应的文献，主要采用一般均衡分析法进行理论研究。一般而言，理论研究从市场需求出发，将产品质量纳入消费者效用函数，之后建立厂商利润最大化函数，将消费者行为和厂商行为统一到一般均衡分析框架，研究产品质量对企业 PTM 行为和汇率传递效应的影响。Chen 和 Juvenal（2016）首先建立消费者效用函数：

$$U(C_j) = \left[\int_{\Psi} \left[s(\varphi) x_j(\varphi) \right]^{\frac{\sigma-1}{\sigma}} \mathrm{d}\varphi \right]^{\frac{\sigma}{\sigma-1}} \tag{8}$$

该函数为目的国 j 代表性主体 C_j 的效用函数。其中，φ 表示某一特定产品；$x_j(\varphi)$ 表示对特定产品的需求量；$s(\varphi)$ 表示特定产品的质量；$\sigma > 1$，表示不同产品之间的替代弹性；ψ 表示一系列的产品组合。不难理解，消费组合越大、越丰富，产品质量越高，则效用越大。

在日常生产中，企业往往生产多样化、质量各异的产品，企业基

---

① 早期研究 PTM 的文献（Krugman，1986；Dornbusch，1987；Marston，1990），主要是基于局部均衡框架着手分析。

于质量进行产品层次划分。假定每家企业生产一种核心产品，并且核心产品较其他产品的边际成本高。其他产品与核心产品存在的差距用 r 来表示，如果 $r = 0$，企业产品为核心产品，具有最高的质量水平。综上所述，企业生产某一特定产品 φ 的产能由核心产品所具有的生产效率 ϕ 与 r 决定：

$$\varphi\left(\phi, r\right) = \phi \vartheta^r \qquad (9)$$

由式（9）易知，企业生产能力取决于生产效率与产品质量层次。式（9）中，参数 $\vartheta > 1$，产品具有的 r 越小（产品质量越高），则越接近核心产品的质量水平。式（9）表明，产品质量越高，生产能力越弱，即越缺乏效率（具有更高的边际成本）[①]。综合式（8）和式（9），得到式（10）：

$$s\left[\varphi(\phi, r)\right] = \left(\frac{w}{\varphi(\phi, r)}\right)^{\lambda} \qquad (10)$$

其中，$s(\cdot)$ 表示产品质量；参数 $\lambda > 1$，意味着成本加成随产品质量的提高而增加（Baldwin 和 Harrigan，2011；Crinò 和 Epifani，2012）；w 表示本国的工资水平，工资水平越高的产品，往往质量水平越高，因而给消费者带来更大的效用水平。如前文所述，$\varphi(\phi, r)$ 越小，往往代表企业生产的产品质量越高，消费者则可享受越高的效用水平。

此外，企业面临三种交易成本：一是贸易成本 τ_j（本国与出口产品目的国 j 之间的贸易成本），$\tau_j > 1$；二是固定出口成本 F_j（对于

[①] 需要提及的是，这一假定条件与 Chatterjee 等（2013）的研究刚好相反。依据 Manova 和 Zhang（2012b）的研究，质量较高的产品，需要更多的成本投入，因此生产效率往往不高。

所有的企业和产品而言，这一成本都是一致的，只取决于目的国 j，主要指目的国统一征收的贸易费用）；三是在目的国产品的配送成本，主要包含以目的国货币计价的产品批发和零售成本。假定单位产品配送需要 η_j 单位劳动成本，劳动的工资成本为 w_j。配送成本可表述为 $\eta_j w_j s [\varphi(\phi,r)]$，依据 Berman 等（2012）的研究假设，质量越好的产品，配送成本越高。值得一提的是，配送环节一般外包给进口国，因而大多以进口国货币计价，不受汇率的影响，主要受出口贸易国生产效率的影响。

综上所述，产品出口至目的国 j，并以该国货币计价的产品价格可表述为

$$p_j^c(\varphi) \equiv \frac{p_j [\varphi(\phi,r)] \tau_j}{\varepsilon_j} \eta_j w_j s [\varphi(\phi,r)] \qquad (11)$$

其中，$p_j^c(\varphi)$ 表示以产品目的国货币计量的消费者价格；$p_j(\varphi)$ 表示以本国货币计价的出口产品价格；ε_j 表示本国与外国 j 之间的汇率，即 1 单位本币等于多少单位外币。由式（11）不难发现，在配送成本不受汇率影响的条件下，汇率每变化 1 个单位，对产品目的国售价的影响小于 1 个单位，即汇率传递是不完全的[①]。经过推导，Chen 和 Juvenal（2016）最终得到两个基本方程：

$$e_{p_j} = \left| \frac{\partial p_j(\varphi)}{\partial q_j} \frac{q_j(\varphi)}{p_j(\varphi)} \right| = \frac{\eta_j q_j \varphi(\phi,r)}{[\sigma\tau_j / s(\varphi(\phi,r)) + \eta_j q_j \varphi(\phi,r)]} \qquad (12)$$

其中，e_{p_j} 表示企业的 PTM 能力；$q_j \equiv \varepsilon_j w_j / w$，表示本国对外国 j 的实际汇率；w、w_j 分别表示本国工资水平和外国工资水平。式（12）表明

---

① 研究表明，配送成本降低了一国汇率传递效应水平（倪克勤和曹伟，2009）。

了产品质量对企业 PTM 能力的影响，同时给出了企业 PTM 行为的影响因素。我们对原理论模型做了些许变换，得到式（13）：

$$e_{x_j} = \left| \frac{\partial x_j(\varphi)}{\partial q_j} \frac{q_j(\varphi)}{x_j(\varphi)} \right| = \frac{\sigma \tau_j}{\tau_j + \eta_j q_j \varphi(\phi,r) s[\varphi(\phi,r)]} \qquad (13)$$

其中，e_{x_j} 表示汇率变动的需求弹性，$x_j(\varphi)$ 表示出口产品在 j 国的需求量。由式（12）不难发现，产品质量 $s[\varphi(\phi,r)]$ 越高，则式（12）分母值越小，因而 e_{p_j} 越大，即企业的 PTM 能力越强，汇率传递效应越小。式（13）则表明，产品质量越高，汇率变动对产品需求量的影响越小。式（13）事实上是以式（12）为前提而存在的，产品质量越高，汇率变动对产品价格的影响越小，因而对产品需求量的影响越小。上述理论研究为后续对该问题的实证分析提供了十分重要的建模基础。

（2）实证研究。Auer 等（2012）研究认为，生产高质量产品的企业，往往在行业中占据了技术制高点，成本加成随产品质量的提高而趋于上升，汇率传递效应则随产品质量的提高而下降。他们以1970—1999 年欧洲轿车行业为研究对象，依据不同品牌轿车的不同特性，建立了轿车质量的识别指标，获得了同一品牌不同质量的轿车在不同市场的销售价格数据。研究表明，低质量轿车的汇率传递效应大于高质量轿车。

Chen 和 Juvenal（2016）运用阿根廷 2002—2009 年企业层面的贸易数据，最终得到高度分解的由 209 家企业生产的 6720 种酒类产品的贸易金额、贸易品单位价格（FOB 报价）数据，以及每种酒产品的名字、类型（颜色）、年份等详细信息，同时他们通过两大闻名的专家评级法（Wine Spectator 和 Robert Parker）获得酒品等级质量指标，研究了产品质量对企业 PTM 行为和汇率传递效应的影响。研究认为，产品质

23

量较平均水平每增加 1 个单位标准差，企业的 PTM 能力提高 5 个百分点；最低质量酒产品的汇率传递效应趋于 1，而最高质量酒产品的汇率传递效应约为 0.87；产品质量越高，出口贸易量对汇率变动越不敏感。此外，Chen 和 Juvenal（2016）认为以往研究得出整体汇率传递效应偏小的结论，是因为基于总量数据研究汇率传递效应容易产生加总偏误（aggregation bias）问题。

（3）研究评述。与以往所有研究相比，从产品质量视角研究企业的 PTM 行为和汇率传递效应的文献，考虑到了不同消费者对产品质量的不同偏好。理论分析不再局限于局部均衡分析框架（从 PTM 理论公式出发），而是将消费者效用最大化和厂商利润最大化作为假定条件纳入一般均衡分析框架，研究产品质量高低如何影响企业的 PTM 行为和汇率传递效应大小。从这个意义上讲，理论研究具有更强的适应性。实证研究方面，目前已有研究主要侧重于某一特定行业不同产品的质量对企业 PTM 行为以及汇率传递效应的影响。理论分析认为，产品质量越高，企业 PTM 能力越强，汇率传递效应越弱。这一结论是不是具有普遍适用性，还有待未来深入的研究。

（三）汇率传递效应与 PTM 理论进一步深化：基于非对称性视角

随着对汇率传递问题进行研究的不断深入，学术界的研究视角出现了另外一个新变化：从非对称性视角研究汇率传递效应大小并作出与此相应的理论解释。以往研究往往假定汇率传递是对称的、线性的。汇率传递的非对称性（非线性），包含两个层面的内容：一是一国汇率升值 1 个单位与贬值 1 个单位对物价水平的影响程度有何不同，二是一国汇率较大幅度的变动与较小幅度①的变动对物价水平的影响又存在怎样的差异（Coughlin 和 Pollard，2004）。我们认为，基于非对称性视角研究汇率传递不完全问题，说到底，还是在研究企业面临汇率升值和贬值、汇率大幅波动和小幅波动时在不同产品目的国市场如何差别定价的问题。从微观层面讲，基于非对称性视角研究汇率传递不完全问题是对 PTM 理论的进一步深化。

本书认为，非对称性视角与前文的分析视角（特别是产品质量视角）并不是完全独立的，从理论上讲，两者具有紧密的联系。如果考虑到产品质量的差异，面对本国货币升值和贬值两种情形，企业对出口产品的定价很可能完全不一样，产品定价具有 PTM 特点。具体而言，对于高质量产品，当本国货币贬值时，本国出口企业很可能提高成本加成，提高以本国货币计价的产品价格，从而保持以目的国货币计价的产品价格基本不变，因而汇率传递效应趋于零或很小，企业具有很强的 PTM 能力。在这种情形下，企业不会遭受汇率贬值所导致的兑换损失。当本国货币升值时，一般而言，产品质量越高，产品在目的国市场的需求弹性越小，企业很可能保持成本加成不变，则出口产品在国外的销售价格提高，出口商将获得更多的以外币表示的销售利润。综上所述，汇率传递效应表现出很强的非对称性。

对于低质量的产品，面对本国货币的升值和贬值，出口企业同样采取 PTM 行为，遵循同样的分析逻辑，得到刚好相反的结论，即本国货币贬值时汇率传递趋于完全，而升值时则传递效应趋于零或很小。

---

① 一般通过门限回归方法来确定汇率波幅的大小。

1. 汇率传递非对称效应的理论解释

Gil-Pareja（2000）指出，汇率变动方向不同（升值和贬值相同单位），汇率传递效应大小程度也将不同。Coughlin 和 Pollard（2004）认为，对于不同幅度的汇率波动，汇率传递效应大小程度也具有非对称性。比如，汇率波动 3% 和 6%，后者的汇率传递效应大小并不一定是前者的两倍。基于非对称视角研究汇率传递效应的理论分析，Coughlin 和 Pollard（2004）以及 Cheikh（2012）提出了市场份额、产能限制等理论学说来解释汇率传递效应为何出现非对称性。

（1）市场份额说。该学说认为，如果外国出口企业所生产的出口产品需求价格弹性较大，当本国货币贬值时，外国出口企业通过调整成本加成、实施 PTM 策略，保持产品在本国的销售价格基本不变（汇率传递效应趋于零）以维持原有的市场份额。然而，当本国货币升值时，外国出口企业保持成本加成不变，外来产品在本国市场的价格下降（完全的汇率传递效应），这样不仅可以维持原来的市场份额，市场份额还可能因为本国货币升值而上升。总而言之，市场份额说认为，外来企业维持或者扩大原有市场份额，本国货币升值的汇率传递效应大于贬值的汇率传递效应。以上所表述的汇率传递效应，如图 1 中的 C 曲线所示，e 表示汇率，e 增大表示货币升值，反之则相反。PM 表示进口价格。从 C 曲线的形状可以看出，进口价格随着 e 的增大而大幅下降，但随着 e 的下降而小幅上升。

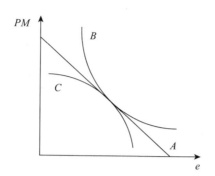

图 1　汇率变动对进口价格非对称的传递效应

（2）产能限制说。一般而言，企业产能在短期呈现递增趋势，随着产量的不断扩大，长期产能达到极限后不再增加。当本国货币升值时，外来出口企业将保持成本加成不变，从而可以获得价格竞争优势（以本国货币表示的外来产品的价格下降，汇率完全传递）以进一步扩大产能，提高出口水平。然而，如果外国出口企业产能已经达到极限，当本国货币升值时，外来企业采取 PTM 策略，调整成本加成使出口产品以产品目的国货币计价的价格维持不变（外来企业可以获得更多的汇兑收益），因而汇率传递效应为零；相反，在企业产能一定的前提下，当本国货币贬值时，外国出口企业很可能维持成本加成不变，使出口产品以产品目的国货币计价的价格上升（出口企业的销售额不会受到影响），此时汇率完全传递。不难发现，在企业产能一定的情况下，升值的汇率传递效应明显较贬值时的传递效应小，汇率传递效应表现出非对称性。以上所表述的汇率传递效应，如图 1 中的 B 曲线所示，从 B 曲线的形状可以看出，进口价格 PM 随着 e 的增大而小幅下降，但随着 e 的下降而大幅上升。

（3）菜单成本说。Cheikh（2012）认为，当汇率变动幅度较小时，出口企业一般不愿意改变产品的销售价格，因为改变以进口国货币计价的产品价格存在菜单成本。不难理解，只有当汇率波幅超过某一临界值时，企业重新定价才是有利可图的。因此，不同幅度的汇率变动，其对以进口国货币计价的产品价格的影响程度是不相同的。相对较小的汇率波幅下，汇率传递效应趋于零；而相对较大的汇率波幅下，汇率传递效应相对较大，且波幅越大，传递效应越大。

2. 汇率传递效应非对称性的实证研究思路

根据 Cheikh（2012）以及 Bailliu 和 Fujii（2004）的研究思路，汇率传递基准模型如下：

$$p_j = \varepsilon_j \mu_j w_j^* \tag{14}$$

其中，p_j 表示在出口国企业利润最大化条件下，以产品目的国（进口国）货币计价的出口价格；ε_j 表示每单位出口国货币等于多少进口国货币；μ_j 表示成本加成；w_j^* 表示出口企业的生产边际成本。$\mu_j = \eta_j / (1-\eta_j)$。$\eta_j$ 为产品在进口国市场的需求价格弹性。Bailliu 和 Fujii（2004）认为，成本加成取决于目的国的收入水平 y_j，所以成本加成也可以表述为 $\mu_j = \mu(y_j)$。最终，汇率传递的线性回归方程基准形式如 Goldberg 和 Knetter（1997）的研究所示：

$$p_t = a + \beta \varepsilon_t + \psi y_t + \delta w_t^* + v_t \tag{15}$$

式（15）也是标准的汇率传递线性回归方程，其中，a 为常数项，p_t 表示进口价格水平，ε_t 表示 1 单位外币等于多少本国（进口国）货币，y_t 表示本国的国民收入水平，w_t^* 表示外国出口企业的边际成本，v_t 为残差。

研究汇率传递效应大小，也就是考察 β 值的大小。不难理解，如果 $\beta = 1$，出口企业的成本加成不会随着汇率变动而变动，这相当于产品定价完全为生产国货币定价（Producer Currency Pricing，PCP），汇率变动完全传递至以产品目的国货币计价的价格。如果 $\beta=0$，则汇率传递效应为零，也就是说外国出口企业通过调整成本加成，自身完全吸收汇率波动导致的价格变化，最终使产品以目的国货币标价的价格维持不变，这一定价策略也被称为目的国货币定价策略（Local Currency Pricing，LCP）。

在现实贸易中，企业的定价策略并不完全取决于需求状况，完全的 PCP 定价或 LCP 定价都是很少见的，更多地采取 PTM 策略，同一外贸企业在不同的目的国市场可能会有不同的值。如前文所述，针对货币升值和贬值，或者汇率波幅大和小，外国出口企业的定价策略是不一样的，使汇率传递效应表现出非对称性。那么，我们如何使汇率传递的非对称性在实证分析中得到实现呢？对此，Cheikh（2012）认为，引入非线性模型即可解决问题。正如前文所述，研究汇率传递效应问题，说到底就是分析面对汇率的变动，企业如何调整成本加成从而改变定价的问题。在考察汇率传递效应非对称性问题时，我们同样考察企业如何调整成本加成。

假定 $\kappa(\Delta\varepsilon)$ 表示非对称性，成本加成函数重新定义为

$$\mu_j = \mu\left(y, \varepsilon^{\kappa(\Delta\varepsilon)}\right) \qquad (16)$$

式（16）中的变量含义与式（14）一致，相应地，汇率传递效应计量方程重新表述为

$$p_j = \alpha + \beta\varepsilon_t + \psi y_t + \kappa(\Delta\varepsilon)\varepsilon_t + \delta w_t^* + v_t = \alpha + [\beta+\kappa(\Delta\varepsilon)]\varepsilon_t + \psi y_t + \delta w_t^* + v_t$$

$$(17)$$

不难发现，$\kappa(\Delta\varepsilon)$ 是影响汇率传递效应的一个间接因素，对成本加成的影响以一种非线性的方式呈现。对于 $\kappa(\Delta\varepsilon)$ 的设定，一般遵循以下做法：

人民币汇率传递效应研究

$$\kappa(\Delta\varepsilon) = \begin{cases} 0 & \text{当 } \Delta\varepsilon \leq \Delta\varepsilon^* \\ \xi & \text{当 } \Delta\varepsilon > \Delta\varepsilon^* \end{cases} \qquad (18)$$

不难发现，无论是汇率升值或贬值，还是汇率波幅的大或小，都可以通过式（18）在实证分析中得到实现。式（18）中的 $\Delta\varepsilon^*$ 表示汇率变动的临界值，对于小的汇率波幅（$\Delta\varepsilon \leq \Delta\varepsilon^*$），汇率传递效应为 β；反之，当汇率波幅超过临界值（$\Delta\varepsilon > \Delta\varepsilon^*$）时，则汇率传递效应为 $\beta + \xi$。当汇率波幅的临界值趋于零（$\Delta\varepsilon^* \to 0$）时，则式（18）表示汇率变动的不同方向（升值和贬值），结合式（17），可以获得升值和贬值两种情形下汇率传递效应的大小。

综上所述，基于非对称性视角研究汇率传递效应，归根结底还是在讨论面对汇率的变化，外贸企业如何采取 PTM 策略。但与基于线性假设研究文献不同的是，这里的汇率"变化"更加具体化，而计量经济学方法的不断发展为这一"变化"提供了技术手段。我们可运用 Hansen（2000）提出的两体制门槛模型思想确定汇率波动幅度的大和小。两体制门槛模型方程组为

$$y_t = \beta_1 x'_t + v_t \qquad \alpha_t \leq \gamma \qquad (19)$$

$$y_t = \beta_2 x'_t + v_t \qquad \alpha_t > \gamma \qquad (20)$$

其中，y_t 为被解释变量，x'_t 为解释变量，β_1、β_2 为待估系数，v_i、v_t 为残差，α_t 为门槛变量，γ 为门槛值。门槛变量 α_t 将样本按照门槛值 γ 划分为不同的区间。通过设置虚拟变量 $d(\alpha_t \leq \gamma) = 1$，$d(\alpha_t > \gamma) = 0$，方程组用单一方程可表示为

$$y_t = \beta_1 x'_t d(\alpha_t \leq \gamma) + \beta_2 x'_t d(\alpha_t > \gamma) + v_t \qquad (21)$$

$S_1(\gamma)$ 为每次估计结果的残差平方和，最优门槛值 $\hat{y} = \text{argmin } S_1(r)$。为检验是否存在门槛效应，我们需要构造拉格朗日乘数（Lagrange

Multiplier，LM）统计量，对不存在门槛值的零假设 $H_0 : \beta_1 = \beta_2$ 进行统计检验，其 P 值可以用 Bootstrap 方法实现，如果 P 值显著，表明存在门槛值。运用上述模型思想，我们可以得到一定时间内汇率波动幅度的 $\hat{\gamma}$ 值，超过该值则为大的汇率波幅，反之则相反。

3. 汇率传递效应非对称性的实证研究

Mann(1986) 研究了 1977—1985 年美元汇率传递的非对称问题。在此期间，美元经历了由贬值转为升值的过程。其研究表明，美元升值对美国进口总体价格水平的传递效应较贬值大[①]。相反，Webber（2000）研究了七个亚洲国家的汇率传递效应问题，得到了货币贬值较升值对进口总体价格影响大的结论。Kadiyali（1997）和 Goldberg（1995）分别研究了美国从日本进口的摄影产品和从德国、日本进口的小汽车这两个行业的进口价格对汇率升值和贬值的反应，结果表明，美元贬值对这两个进口行业价格的影响比升值大。Feinberg（1989）和 Athukorala（1991）研究分析了众多行业的汇率传递效应，结果没有发现任何一个行业具备明显的汇率传递非对称性效应。Ohno（1989）研究发现日本机械及装备制造业的汇率传递效应具备非对称特征，他的研究结论遵循"能力限制说"（capacity constraint theory）。相反，Marston（1990）研究了日本交通运输和电子器械的进口价格与汇率变动之间的关系，实证结果得到了与依市定价一致的结论，即汇率升值时的汇率传递效应相对于贬值时要大。Knetter（1994）的研究表明，相对于产能限制说而言，市场份额说对德国和日本的汇率传递非对称性问题更具有解释力。

---

① 本书认为，这与美国进口市场竞争激烈有关，外来企业大多采取 PTM 策略。

相比之下，基于汇率变动幅度大小视角来探讨汇率传递非对称性的研究成果较少。Ohno（1989）的研究表明，与相对较小的汇率波幅相比，日元相对较大的汇率波幅对日本出口价格的传递效应更大。Pollard 和 Coughlin（2004）通过建立不同行业的汇率数据，研究了美国 30 个进口行业的价格与汇率波幅的关系，结果表明大多数行业的进口价格与汇率变化幅度存在正向关系。然而，Marazzi 等（2005）基于行业总体数据，研究表明汇率变化幅度大小对总体进口价格并不存在非对称的传递效应。Yang（2007）分别就 1982—2002 年美国 98 种产品的进口价格指数和所有产品进口总价格指数与汇率变动的关系进行了实证研究。其研究表明，在 98 种产品中，绝大多数产品的进口价格并未因汇率变动幅度的不同而表现出显著的差异（不存在汇率传递的非对称性现象），少数产品随着美元贬值表现出递增的汇率传递效应，也有少许产品随着美元贬值而表现出递减的汇率传递效应。此外，美元贬值对进口总价格存在递增的传递效应。

4. 研究评述

以上是已有文献对汇率传递非对称性效应的三种理论解释，我们认为，这些理论解释，特别是针对汇率波动方向的市场份额说与产能限制说，事实上与前文所述的出口企业的产品质量和经营绩效存在紧密联系，只不过现有理论解释没有明确地将产品质量和经营绩效纳入理论分析框架。比如，如果出口企业想要维持在外国市场的份额，如前文所述，面对本国货币的升值和贬值，需要采取不同的定价策略，事实上，产品质量的提升有利于维持和扩大现有的市场份额；产能限制说认为，企业产能限制使企业在本国货币升值和贬值两种情形下，采取不同的定价策略，从而导致非对称的汇率传递效应，而企业经营绩效与企业产能本身也存在一定的关系。综上所述，我们认为，如何将产品质量视角、经营绩效视角以及非对称性视角纳入统一的理论研究框架，有待将来加以突破。

（四）人民币汇率传递效应相关研究

自 2005 年 7 月 21 日汇改以来，国内有关人民币汇率传递的研究成果不断涌现。现有文献主要研究人民币汇率传递效应的大小，普遍得到了人民币汇率传递不完全的结论。现有研究主要探讨人民币汇率变动对进口、国内物价水平的传递效应以及对出口价格水平的传递效应。这两类研究大致经历了从宏观总量研究到微观行业或产品研究的转变。

1. 人民币汇率变动对进口及国内物价水平的传递效应

卜永祥（2001）、毕玉江等（2006）采用实证分析方法，考察了汇率变动对国内物价的影响，均得到了人民币汇率传递效应偏低的结论。陈六傅等（2007）利用 VAR 模型考察了人民币有效汇率变动对我国进口价格和消费者价格的影响，认为人民币有效汇率对我国进口价格和消费者价格的影响程度非常低，汇率传递效应在不同的通货膨胀环境下存在显著差异。吕剑（2007）基于 1994—2005 年的月度数据，就人民币汇率变动对国内物价的传递效应进行了实证分析，研究发现人民币汇率变动对 CPI 的传递效应最强，其次是生产物价指数，再次是零售物价指数。刘亚等（2008）利用自回归分布滞后模型研究了人民币汇率对以 CPI 衡量的国内通货膨胀的传递效应，得到了人民币汇率变动对 CPI 的传递不完全且存在明显时滞的结论。施建淮等 (2008) 考察了 1994 年第一季度至 2007 年第四季度人民币汇率变动对国内价格链中进口价格、生产者价格和消费者价格的传递程度与速度，研究表明汇率变动对以上三类价格指数的传递效应依次递减；此外，他们还研究了汇率变动与消费者分类价格指数的关系。王晋斌和李南(2009)探讨了 2001 年 1 月至 2008 年 3 月进口总价格指数与人民币汇率变动之间的关系，研究表明人民币汇率对进口总价格存在较高的传递效应，且 2005 年汇改之后传递效应明显增加；此外，他们将进口行业分为两大类，即基础产品、原材料和工业制成品两类，并通过构建两类行业的进口价格指数，分别研究了人民币汇率对这两类行业进口价格的传递效应 ①。曹伟和倪克勤（2010）、姜昱等（2010）研究了汇率变动对总体进口价格存在的非对称传递效应。曹伟等（2012）研究了人民币汇率变动对原油进口价格的传递效应及传递效应的非对称性。曹伟和申宇（2013）基于面板数据，运用 GMM 估计方法，兼顾海关行业分类标准及工业行业分类标准，考察了人民币行业有效汇率变动对 13 个行业进口价格的影响以及汇率传递效应对通货膨胀的影响。符大海等（2017）基于汇改后省际月度数据，研究了人民币汇率波动对国内各地区居民消费价格的差异化影响，研究表明人民币升值在总体上对国内物价有负向影响，但这种价格传递效应存在明显的地区和产品异质性；另外，人民币汇率对价格的影响在短期内并不显著，更多地体现为长期影响。贺本岚等（2017）采用时间序列分析方法和动态贝叶斯网络模型，研究了人民币汇率对上游、中游、下游不同价格及其细分行业价格的传递机制，研究表明人民币汇率对 RMPI、CGPI 和 CPI

---

① 我们认为，该研究突破了以往大多数文献仅基于总体宏观数据来研究汇率传递与进口价格的关系这一局限。然而，该研究将进口行业分为两大类的做法仍然存在不足，两大类行业中包含了许多种不同的子行业和产品，不同行业对汇率变动的反应不尽相同，因此，未来的研究需要我们进一步细分行业。

的直接传递效应较为显著，同时人民币汇率可以通过细分行业价格之间的传递间接地对 PPI、CPI 和 CGPI 产生影响；此外，中国的通货膨胀不仅是简单的货币现象，而是人民币汇率和实体经济多重驱动。潘长春（2017）利用带有随机波动率的时变参数向量自回归模型（TVP-SV-VAR）分析了人民币汇率传递的时变特征，研究发现人民币汇率变动对进口价格、生产者价格以及消费者价格的传递总体经历了先升后降的变化过程，且人民币汇率对价格的传递作用是不完全的。曹伟等（2019）通过构建省际进口加权有效汇率指数，基于汇率非对称性效应理论机制，研究了人民币汇率传递的非对称性和省际异质性，研究发现人民币汇率传递效应存在明显的异质性和非对称性。

2. 人民币汇率变动对出口价格水平的传递效应

与研究汇率对进口和国内物价水平传递效应的脉络基本一致，近年来，汇率出口传递的相关研究越来越深入和细化，从行业视角来研究汇率传递的文献越来越多。胡冬梅等（2010）基于深圳港 2000—2008 年高度分解面板数据，分析了汇率变动对不同类型产品出口价格的传递效应，研究表明纺织服装等简单技术出口产品的汇率传递效应不完全，机电产品等中高技术产品则存在超汇率传递现象。韩剑等（2017）通过引入产品质量、外国进口中间产品投入以及出口目的国消费偏好因子，研究了产品异质性对出口价格汇率传递的影响，研究表明出口产品生产效率越高，使用国外中间产品投入越少，产品质量越高，出口价格对汇率变动的弹性越大，汇率传递越不完全。邹宏元等（2017）编制了 19 个主要出口行业的分行业名义有效汇率，进而分析了我国分行业汇率传递的不完全性、非对称性、时变性等特征，研究表明 19 个行业中有 6 个行业存在显著的不完全汇率传递，这 6 个行

业中有 5 个行业未表现出显著的非对称性。张天顶和宋一平（2017）
从企业异质性角度出发，基于企业层面研究了我国制造出口企业的汇
率不完全传递效应，研究发现中国制造业出口企业的汇率传递效应较
小；企业的全要素生产率与汇率不完全传递相关，全要素生产率较高
的企业，汇率传递效应较大。王胜等（2018）利用 2000—2011 年中国
海关出口微观数据研究了出口企业依市定价能力与其产品市场份额之
间的关系，并进一步通过竞争者价格效应和要素成本效应两种机制深
入探讨了汇率对人民币出口价格的影响，研究表明出口企业依市定价
能力与市场份额呈现倒 "U" 形关系，汇率传递程度与市场份额呈现 "U"
形关系。张会清和翟孝强（2019）考察了全球价值链（GVC）联系对
汇率传递的影响，研究发现忽视 GVC 因素会导致出口贸易整体的汇率
传递低估 7.9%，汇率弹性高估 15.1%，对电子信息和机械设备两个行
业的汇率弹性高估 30% 以上。易靖韬等（2019）基于 2000—2013 年
企业层面的海关数据，从产品异质角度出发，分析了中国出口产品价
格的汇率传递率高于发达国家的原因，结果表明产品质量越高，产品
在企业中的地位越核心，人民币汇率传递率越低。

（五）研究结论、研究展望及启示

1. 研究结论

PTM 理论是汇率传递理论的重要基石，是分析汇率不完全传递成
因的逻辑起点。首先，早期理论研究主要基于通货膨胀、对外开放等
宏观因素以及市场结构、价格歧视等微观因素来分析企业的 PTM 行
为。近年来，汇率传递理论研究不断发展，但研究主线依然是 PTM。
基于企业自身经营特点（如企业业绩表现）以及企业产品本身的属性
（如产品质量高低）来探讨 PTM 行为成为新的理论研究方向，本书对

此做了文献梳理和评述。其次，基于非对称性视角，学术界深化和拓展了汇率传递理论，认为汇率水平变化不同（相同幅度的升值和贬值）和汇率波幅幅度不同（大幅度的升值和小幅度的升值、大幅度的贬值和小幅度的贬值）时，外贸企业将采取不同的定价行为，从而导致汇率传递效应表现出非对称性。从本质上而言，非对称性效应理论是对PTM理论的进一步深化。本书对非对称性效应形成的原因从市场份额说、产能限制说以及菜单成本说三个方面做了文献梳理，并对非对称性与产品质量之间可能存在的理论联系做了论述。

2. 研究展望

我们认为，目前汇率传递问题研究从理论到实证都较为成熟，但仍然有一些问题有待进一步探讨。

（1）汇率传递基准理论模型并不具有普遍适用性，未来需要深化。国内外的实证研究，大都建立在基于利润最大化得到的汇率传递理论模型基础之上，无论是针对发达经济体还是新兴市场经济体，也不论是针对国家层面的总量数据还是微观层面的行业或产品数据，汇率传递实证模型的理论基础基本上是一致的（当然，有关将产品质量纳入研究框架的文献，还有一个前提条件是消费者效用最大化）。前文所述的研究进展，主要是针对汇率传递不完全的原因进行了深化，但汇率传递理论模型和实证模型的建立，基本还是沿用以往的研究思路。需要特别指出的是，Frankel等（2005）认为，基于小型开放经济体（small open economy）的汇率传递模型在以往的研究中得到了广泛运用，但小国模型假定汇率传递往往充分和完全的前提条件，越来越受到现实的质疑。从这个意义上讲，未来研究需要综合考虑到各国经济发展水平、对外开放程度、PTM行为等方面可能存在的差异。基于已有的理论模

型，针对不同性质的经济体（以及不同行业的属性差别）建立汇率传
递模型是学术界需要努力的方向。

（2）基于经营绩效和产品质量两个视角分析企业 PTM 行为的
实证研究，未来需要拓展。从企业业绩表现和产品质量视角考察企业
PTM 行为和汇率传递不完全的现有研究文献，主要研究对象为发达
经济体，缺少对发展中国家特别是一些重要新兴市场国家的关注。事
实上，最近几年新兴市场国家（如中国、印度等）产业结构调整升级
步伐加快，部分外贸企业经营绩效和产品质量的提升均十分明显。从
这个意义上讲，我们很有必要从企业经营绩效和产品质量两个角度出
发，分析这些国家汇率传递效应的企业异质性和产品异质性，这样可
以最大限度地避免运用总量数据研究这些国家汇率传递效应时可能存
在的不足。

（3）基于非对称性视角研究企业 PTM 行为的实证分析，未来需要
深入。对于汇率传递非对称性，现有文献从理论上给出了几种解释，
但实证研究相对比较薄弱，已有的实证研究主要集中于国家宏观层面。
我们知道，基于非对称性视角来研究汇率传递效应，实质上还是在讨
论汇率变化后企业如何 PTM 的问题。只是与以往研究不同，这类研究
对汇率变化做了更为细致的区分，将汇率变化区分为汇率水平变化（升
值和贬值）以及汇率波动幅度（大的波幅和小的波幅）两个维度，从
两个维度研究汇率变化后外贸企业如何重新定价。依据前文的分析，
我们认为，未来的实证分析需要将产品质量和企业绩效纳入实证分析
框架，从微观数据出发研究细分行业或者产品的非对性汇率传递效应。
如前文所述，汇率传递效应大小实际上关系到一国汇率变动调节贸易
收支的作用大小，然而，宏观层面研究汇率传递效应大小对于调节一

国总的贸易收支失衡能够提供实证支持，但无法知晓汇率变动对不同细分贸易行业（不同质量产品）进出口影响的大小。从这个意义上讲，基于非对称性视角，从微观层面来研究汇率传递效应，有利于我们明晰汇率变动对不同行业（不同质量产品）贸易收支的影响，并以此为当局贸易政策的制定和实施提供微观实证基础。

3. 研究对我国的启示

第一，研究需要我们从宏观层面逐步转向微观层面，特别是对微观产品层面的研究未来需要作为重点加以突破。近年来，有关人民币汇率传递的研究成果丰硕（项后军和许磊，2011；王晋斌和李南，2009；倪克勤和曹伟，2009；陈六傅和刘厚俊，2007 等）。研究普遍表明，人民币汇率传递效率整体偏低且呈现下降趋势，但现有研究基本没有给出汇率传递效应下降原因的微观解释。事实上，随着我国产业结构转型升级步伐加快，无论是进口贸易还是出口贸易，贸易结构和质量都有了很大的改善和提高。基于前文的分析，本书认为，建立人民币汇率传递与产品质量理论关系模型，基于主要贸易行业不同质量层次产品来研究外贸企业的 PTM 行为以及汇率传递效应大小，进而在此基础上解释我国汇率传递效应变化趋势的微观原因应该成为未来研究的重要方向之一。这将为完善人民币汇率形成机制改革、加快更有针对性的外贸企业转型升级的政策制定等政策层面的操作实践提供坚实的微观理论指导和实证研究支持。

第二，近年来，特别是从 2014 年初开始，人民币兑美元汇率中间价一改长期单边升值预期，进入双向波动新常态，时值汇改（2005 年 7 月）十年之际，人民币汇率走势一反常态，出现较大幅度的贬值。可以预计的是，随着中国经济增长进入增速较低的新常态以及人民币汇率形成机制改革的稳步推进，汇率变化的市场化特征将越来越明显，未来人民币兑美元以及其他主要国家货币的汇率变化幅度将进一步加大，从这个意义上讲，基于非对称性视角来细化研究人民币汇率传递问题也应该成为未来研究的另外一个方向。

人民币汇率
传递效应研究

The Study on
RMB Exchange Rate
Pass-through Effect

| 宏观篇 |

人民币汇率
传递效应研究

The Study on
RMB Exchange Rate
Pass-through Effect

第一章

人民币汇率变动对国内物价水平的
传递效应

一、引言

汇率传递是实现宏观经济国际传导的重要机制。研究汇率传递问题，揭示汇率变动对进出口价格和国内物价的影响程度，有助于中央银行把握货币政策干预（货币政策实践）的时效性（timing）。换句话说，研究汇率传递效应的大小程度，有助于中央银行预测通货膨胀和实施有效的货币政策以应对通货膨胀。此外，对实施通货膨胀目标制的经济体而言，更离不开对汇率传递效应程度和速度的考察，较低的汇率传递效应有利于一国通货膨胀目标制的实现。

国外对汇率传递全面展开研究始于 20 世纪 80 年代。从目前已有的文献来看，绝大多数文献认为汇率传递是不完全的，并且自 20 世纪 90 年代以来，发达国家汇率传递效应普遍呈现下降趋势。1987 年 Krugman 和 Dornbusch 就汇率变动对进口产品价格的不完全传递做了微观解释，提出了依市定价理论。他们认为，当汇率变动时，出口企业为避免产品价格过度波动，保持原有的市场份额，很可能自身吸收汇率变动带来的成本，因而汇率传递是不完全的。进入 20 世纪 90 年代之后，人们对汇率传递不完全的研究开始转向宏观层面，并侧重对汇率传递影响因素的考察。Laflèche（1997）、Cunningham 和 Haldane（2000）、Goldfajn 和 Werlang（2000）、Mishkin（2008）认为，如果一国货币当局致力于实施稳健的货币政策、营造良好的价格环境，那么汇率传递效应就会较低。比如，瑞典和英国于 1992 年 9 月退出欧洲货币体系之后的两年里，虽然两国货币分别累计贬值 9% 和 15%，但由于两国均实施了较为稳健的货币政策，两国的通货膨胀率分别仅为 3% 和 2%（汇率传递是不完全的）。Taylor（2000）也得到了相似的结论，他认为，通货膨胀环境是影响汇率传递的一个重要因素，通货膨胀水平与汇率传递效应两者之间存在正向关系。此外，Campa 和 Goldberg（2002）、Khundrakpam（2007）、Ghosh 和 Rajan（2009）的研究表明，汇率波动率、国民收入状况以及一国的对外开放程度都是影响汇率传递的重要因素。

如前文所述，国内也有不少文献研究人民币汇率的价格传递问题，本章主要考察 1995 年 1 月至 2007 年 12 月人民币汇率对国内 CPI 的传递效应。在此之前的研究，仅局限于对传递效应大小的考察，本书试图从以下几个方面对人民币汇率传递问题做一些探讨：其一，自 20 世纪 90 年代以来，人民币汇率的传递效应是否与许多发达国家一样，呈现下降趋势，原因是什么。其二，影响我国人民币汇率传递效应大小的因素有哪些，主导因素是什么。本章余下结构安排如下：第二部分为模型构建，主要分析汇率变动如何影响一国物价水平，即影响机理是什么；第三部分为实证结果与分析，研究人民币汇率变动对国内物价水平总的影响程度，并分时段考察我国是否存在汇率传递效应下降趋势；第四部分将采取滚动回归计量方法，得出样本时间跨度内各期的汇率传递效应大小，并分析其主要影响因素；第五部分是结论及启示。

二、模型构建及数据处理

本书着重研究国内物价与汇率变动两者间的关系。笔者认为，研究这两者的关系对我国宏观经济政策特别是货币政策具有重要的理论和现实指导意义。不难理解，汇率变动主要是通过影响进口价格来影响国内物价水平的。在满足马歇尔—勒纳条件且一国货币供给量保持相对稳定的情况下，一国货币升值将通过降低进口价格抑制 CPI（从理论上讲，一国货币升值，出口下降，进口增多，基本稳定的货币量追逐更多的产品），反之则相反。此外，除通过汇率变动影响进口价格从而影响 CPI 之外，宏观经济变量，尤其是货币供应量和市场利率均为重要的影响因素。

本书借鉴 Bailliu 和 Fujii（2004）以及 Khundrakpam（2007）的研究方法，从出口企业利润最大化假定出发，分析出口企业物价水平与汇率变动之间的关系。

$$\pi = P(Q) \cdot Q - C(Q) \qquad (1-1)$$

利润最大化的条件如下：

$$MR = MC$$

$$MR = \partial P(Q) \cdot \frac{Q}{\partial Q} = P + Q \cdot \frac{\mathrm{d}p}{\mathrm{d}Q} = P + P \cdot \left(\frac{Q}{P}\right) \cdot \frac{\mathrm{d}p}{\mathrm{d}Q} \qquad （1-2）$$

即 $MR = P + P \cdot \left(\frac{1}{E_d}\right) = MC$，$E_d$ 为需求价格弹性。所以

$$P = \frac{MC}{1 + \frac{1}{E_d}} \qquad （1-3）$$

令 $\mu = \dfrac{1}{1 + \dfrac{1}{E_d}}$。$\pi$ 表示出口企业的利润，以出口企业所在国货币表示；p 表示以出口国货币表示的产品价格；e 代表每单位出口企业所在国货币等于若干本币（直接标价法）；P^d 表示以本币计价的产品价格（进口物价水平）；$C(\cdot)$ 表示以出口企业所在国货币计价的成本函数；Q 代表需求数量。由上文推导不难得出：

$$P^d = eC_q\mu \qquad （1-4）$$

其中，C_q 表示边际成本 MC；μ 代表成本加成，即企业的销售价格与边际成本之比，其主要影响因素为产品需求的价格弹性，$\mu \geqslant 1$。从式（1-4）不难发现，以本币表示的产品价格随汇率、边际成本及成本加成的变化而变化，边际成本取决于出口企业所在国的生产要素投入成本，如工资成本；成本加成则主要受进口国当地需求状况的影响，一般用进口国的国民收入或者 GDP 来衡量。我们对式（1-4）两边取对数，并简化为

$$P_t^d = \alpha_0 + \alpha_1 e_t + \alpha_2 P_t^* + \alpha_3 Y_t + \varepsilon_t \qquad （1-5）$$

P^* 表示出口企业的边际成本，Y 表示进口国的需求状况。从国外

最近几年的文献来看，无论是一般回归模型、分布滞后模型还是 VAR 计量模型，大都建立在式（1-5）基础之上，因此，我们把式（1-5）一般化为

$$P_t^d = \alpha + \delta F_t + \gamma E_t + \lambda D_t + \varepsilon_t \qquad (1\text{-}6)$$

P^d 表示价格指数；F 表示国外控制变量（用来衡量与本国贸易的出口商的生产成本或价格）；E 表示汇率；D 表示国内控制变量，一般用 GDP 或国民收入来衡量。

鉴于以上分析和推导，本书沿袭 Ghosh 和 Rajan（2009）的建模方法，建立如下计量模型：

$$cpi_{t1} = \beta_0 + \beta_1 neer_t + \beta_2 cpi_t^w + \beta_3 gdp_t + \beta_4 m1_t + \beta_5 intr_t + u_t \qquad (1\text{-}7)$$

我们知道，CPI 与汇率之间的关系不如进口价格与汇率之间的关系紧密。正如前文所述，从理论上讲，国内控制变量除 GDP 之外，其他宏观经济变量，比如货币供应量、市场利率均为 CPI 的重要影响因素，因而增加这些宏观经济变量的理论模型更符合经济学逻辑。然而，我们的实证研究表明，加入货币供应量和市场利率变量之后，实证结果失去统计意义，存在明显的多重共线性，且各变量的显著性程度大幅下降。对此，我们采用了逐一剔除变量法，最后发现运用式（1-8）所包含的解释变量更理想。综上所述，本书用来解释进口价格与汇率变动关系的理论模型对探讨国内物价与汇率变动之间的关系同样具有较强的适应性。值得一提的是，刘亚等（2008）以 Goldberg 和 Knetter（1997）为基础，借鉴 Nogueira（2006）的模型，建立了研究人民币汇率变动与国内通货膨胀两者间关系的自回归分布滞后实证模型，其建模也建立在上述一般化模型基础之上。

$$cpi_{t2} = \beta_0 + \beta_1 neer_t + \beta_2 wcpi_t + \beta_3 gdp_t + u_t \qquad (1\text{-}8)$$

　　鉴于自 1994 年 1 月起人民币汇率实行以市场供求为基础、参考一篮子货币进行调节、有管理的浮动汇率制度，考虑到数据的可得性，本书选取 1995 年 1 月至 2007 年 12 月的月度数据共 156 个样本点进行实证分析。（1）选取消费者价格指数 *cpi* 作为国内物价的代理变量，数据来源于中经网数据库。（2）人民币汇率采取国际清算银行最新公布的有效汇率指数 *neer* 作为代理变量，有效汇率采用直接标价法，指数上升表示人民币贬值，指数下降表示人民币升值。（3）选择国际货币基金组织提供的全球产品价格指数作为外国产品生产成本的代理变量。（4）由于我国没有公开的月度 GDP 数据，本书采用月度工业增加值作为替代变量，并剔除了通货膨胀的影响，原始数据来源于中经网数据库。需要说明的是，由于各数据库采取的基期不同，鉴于本书的时间跨度，本书将以上各类指数统一基准为 1995 年 1 月 =100，得到定基比数据。另外，由于我国没有公布 CPI 定基比数据，本书利用 1995 年 1 月至 2007 年 12 月的同比数据和 1995 年 1 月的环比数据得到定基比指数。上述数据序列使用 X12 方法进行季节调整，所有数据都采用自然对数形式。

三、实证结果与分析

　　（一）总体分析：人民币汇率传递系数大小的考察

　　本书运用 Eviews 5.0 计量软件，首先对各变量序列的平稳性特征进行检验，揭示各变量变化的规律，对非平稳变量序列进行修正，使非平稳变量序列差分一次或两次后成为平稳变量序列。其次，考察非平稳变量序列之间的协整关系，这样可以避免对上述模型直接做回归分析可能导致的伪回归问题。各变量 ADF 检验结果详见表 1-1。

表 1-1 各变量 ADF 检验结果

变量	ADF 检验值及检验形式（C、T、N）	临界值（1%、5%、10%）	D.W值	结论
cpi	−1.540197（C、T、1）	−4.018748、−3.439267、−3.143999	2.11	非平稳
Δcpi	−8.386235（C、T、0）	−4.018748*、−3.439267、−3.143999	2.10	平稳
$neer$	−2.40538（C、0、1）	−3.473096、−2.880211、−2.576805	1.97	非平稳
$\Delta neer$	−9.47865（C、0、0）	−3.473096*、−2.880211、−2.576805	1.99	平稳
$wcpi$	−0.532403（C、T、0）	−4.018349、−3.439075、−3.143887	1.90	非平稳
$\Delta wcpi$	−11.78583（C、T、0）	−4.018748*、−3.439267、−3.143999	2.00	平稳
gdp	−1.629287（C、T、2）	−4.019151、−3.439461、−3.144113	2.00	非平稳
Δgdp	−13.48427（C、T、1）	−4.019151*、−3.439461、−3.144113	1.99	平稳

注：Δ 表示一阶差分；* 代表各变量序列在 1% 的显著水平下是平稳的；检验形式（C、T、N）括号中的 C 表示做 ADF 检验时有常数项（C 为 0 时，表示不含常数项），T 表示含趋势项，N 表示滞后阶数。

ADF 检验结果表明，各变量序列都不是平稳序列，但差分一次后均为平稳序列，也就是说，以上时间序列都为 I（1）型时间序列。由于以上各变量序列是非平稳的，因此我们无法判断对式（1-7）直接做普通最小二乘法（OLS）回归后得到的回归结果的真伪性，有必要对变量进行协整检验。对此，本书将采用 E-G 两步法，首先对模型做 OLS 回归，然后对模型的残差序列做 ADF 检验，以检验模型设计的合理性。对式（1-7）进行 OLS 估计，得到如下回归方程：

$$cpi_t = 2.2153 + 0.3848neer_t + 0.0849wcpi_t + 0.0379gdp_t$$

（18.4301*）（12.2604*）（7.4927*）（6.2877*）调整后的 R^2=0.8983

（1-9）

对式（1-9）的残差做平稳性检验，结果如表 1-2 所示。

表 1-2　CPI 指数与人民币有效汇率回归残差序列的 ADF 检验

ADF　检验统计量 −3.3931（D.W = 1.8403）	1% 临界值	−2.5800*
	5%　临界值	−1.9429
	10%　临界值	−1.6153

以上结论表明，回归方程的残差序列是平稳的，因而上述模型设计是合理的，结论是可靠的。回归结果告诉我们，有效汇率与国内物价存在正相关性，回归系数约为 0.38，且通过了显著性检验，表明我国的汇率变动对国内物价的传递是不完全的。由于本书采用的是直接标价法，有效汇率每下降 1 个单位，即人民币每升值 1 个单位，国内 CPI 将下降 0.38 个单位，这与经济理论也是相符的。一般来说，一国货币升值有利于降低进口价格，进而降低国内物价水平。

从国外研究文献来看，汇率变动对国内物价的传递效应都比较低。Campa 和 Goldberg（2006）的研究表明，发达国家汇率变动对 CPI 的平均影响程度为 0.17。显然，与国外的研究结论相比，本书研究得到的汇率传递系数相对较高。对此，为了便于比较，也为了再次证实式（1-8）实证结果的真实性，本书借鉴 Campa 和 Goldberg（2006）的模型以及国内学者刘亚等人（2008）的研究方法，再次建立下列计量模型：

$$\Delta cpi_t = \alpha + \sum_{i=1}^{n} a_i \Delta cpi_{t-i} + \sum_{i=0}^{n} b_i \Delta neer_{t-i} + \sum_{i=0}^{n} c_i \Delta wcpi_{t-i} + \sum_{i=0}^{n} d_i \Delta gdp_{t-i} + u_t \qquad （1-10）$$

其中，Δ 表示一阶差分，n 表示滞后期。正如前文所述，一阶差分后的序列均为平稳序列，因而能够避免做 OLS 估计可能存在的伪回归问题。

不难理解，长期汇率传递系数 $erpt = \dfrac{\sum_{i=0}^{n} b_i}{1 - \sum_{i=1}^{n} a_i}$，本书根据调整后的 R^2、AIC 与 SC 准则标准，选取的模型滞后期 n 为 7，求得汇率传递系数为

0.34[①]。从以上结论不难看出，采用不同的实证模型，得到的人民币汇率传递系数却基本一致，这说明长期汇率传递系数受滞后期的影响不大，这与 Otani 等（2006）的研究结论是一致的。

然而，为什么我国的汇率传递系数相对于发达国家要高呢？本书认为，可能存在以下两个方面的原因：一是在我国进口产品中，初级产品（特别是燃料产品，比如石油）的占比相对较大，且呈现上升趋势。1985 年初级产品进口比重为 12.4%，2007 年上升至 25.4%。另外，近年来，我国根据国内经济发展的需要，大量进口了一些资源性产品，矿物燃料、润滑油及有关原料进口额占初级产品进口总额的比重由 2002 年的 6.5% 提高到 2007 年的 11%，非食用原料所占比重由 7.7% 提高到 12.4%。其中，2007 年我国原油进口 16317 万吨，比 2006 年增长 12.4%；煤进口 5102 万吨，同比增长 33.9%；液化石油气进口 698 万吨，同比增长 15.2%。[②] 正如前文所述，初级产品的价格对汇率变动较为敏感。二是我国的劳动力成本和固定资产成本相对较低，因而在产品的零售价格（最后传递至消费者价格）中的占比也较低，进口成本占比则相对较大，对汇率变动也就更为敏感。

（二）进一步实证分析：人民币汇率传递效应是否呈现下降趋势

正如前文所述，国外的最新研究成果表明，发达国家货币的汇率传递效应普遍存在下降趋势。那么，人民币汇率传递效应是否同样呈现下降趋势呢？目前还没有文献就这一问题进行详细考察与分析。然而，就此问题进行研究对中国未来的货币政策操作具有十分重要的意

---

① 由于滞后期较长，计量过程较为烦琐，占用的篇幅较多，本书未列出。

② 数据来自 2008 年 6 月 5 日的《上海证券报》。

义，因而有必要做一些探讨。

本书借鉴 Otani 等（2006）的做法，分时段考察汇率变动对国内物价水平的传递效应。对此，我们采用式（1-8）而非式（1-10）进行实证分析，主要是因为式（1-10）只有在选用相同的滞后期时才能做比较，事实上却很难做到这一点，因为分时段后的样本数量和变量序列的特征将发生改变。本书通过 Chow 断点检验，发现以1997 年 12 月为断点进行划分较为合理（见表 1-3），平均来说，1995 年 1 月至 1997 年 12 月，以 CPI 衡量的我国通货膨胀率同比增长 9.4%，而 1998 年 1 月至 2007 年 12 月为 1.1%，通货膨胀的变化使模型存在结构性变化。

表 1-3　Chow 断点检验（1995 年 1 月至 2007 年 12 月）

Chow 断点检验：1997 年 12 月			
统计值	25.45910	P 值	0.000000
对数似然比	81.68068	P 值	0.000000

依照前文采用的方法，我们对变量序列做平稳性检验，结果表明两个样本的所有变量序列均为 I（1）型时间序列。本书分别对两个样本进行回归估计，再对回归残差做平稳性检验见表 1-4、表 1-5，得到的结果如下：

$$cpi_t = 0.3974 + 0.6200neer_t + 0.2819wcpi_t + 0.0113gdp_t$$

$$（14.8264^*）　（5.3224^*）　（0.2033）调整后的 R^2=0.9421$$

$$（1-11）$$

$$cpi_t = 2.9917 + 0.2317neer_t + 0.06915wcpi_t + 0.0414gdp_t$$

$$（6.8924^*）　（5.6497^*）　（5.0337^*）调整后的 R^2=0.9067$$

$$（1-12）$$

表 1-4　样本（1995 年 1 月至 1997 年 12 月）回归残差的平稳性检验

ADF　检验统计量	1% 临界值	−2.6327*
−3.0226	5% 临界值	−1.9507
（D.W = 1.6001）	10% 临界值	−1.6111

表 1-5　样本（1998 年 1 月至 2007 年 12 月）回归残差的平稳性检验

ADF　检验统计量	1% 临界值	−2.5860
−2.0352	5% 临界值	−1.9437*
（D.W = 1.6001）	10% 临界值	−1.6148

　　实证结果表明，平均来说，人民币汇率传递效应在 1995 年 1 月至 1997 年 12 月为 0.62，而在 1998 年 1 月至 2007 年 12 月下降为 0.23，人民币汇率传递效应的确有所下降。正如前文所述，通货膨胀使模型存在结构性变化，两个样本期间的平均通货膨胀率分别为 9.4%、1.1%，这说明在不同的通货膨胀环境下，汇率传递效应是不同的。假定影响汇率传递效应的其他宏观因素不变，相对较高的通货膨胀与相对较高的汇率传递效应并存，反之则相反，这与 Taylor（2000）、Choudhri 和 Hakura（2001）的结论是一致的。通货膨胀环境很可能是影响人民币汇率传递效应变化趋势的一个重要因素。加拿大银行在 2000 年 11 月的货币政策报告中指出，低通货膨胀环境本身就能改变出口企业的定价行为。当经济体的通货膨胀率持续较低时，人们认为中央银行致力于保持低通货膨胀的政策是可信的，通货膨胀率未来仍将保持稳定。如此一来，企业能够准确无误地把握中央银行的货币政策操作意图，它们不太可能将包括汇率波动在内的各种经济冲击引发的成本变动传递至消费者价格最终环节。企业采取这种做法，是出于菜单成本的考虑；此外，企业将汇率变动冲击传递至消费者价格的行为是徒

劳的，因为中央银行的货币政策最终会作用于物价，企业短期的获利很可能以失去市场份额为代价。具体就中国而言，中国在 20 世纪 90 年代初经历了较高的通货膨胀，特别是在 1993—1994 年，通货膨胀率高达两位数，分别为 13.2% 和 21.7%，尽管在本书所考察的 1995 年 1 月至 1997 年 12 月，平均通货膨胀率逐步回落，但仍达 9.4%。更重要的是，人们经历了较高的通货膨胀之后，即便后来的通货膨胀率有所下降，短期内仍无法消除通货膨胀预期。或者说，他们对中央银行采取的致力于保持经济体低通货膨胀的货币政策缺乏信心。在这种情况下，汇率的变动对物价水平的传递效应就会相对较大。受中国经济周期和亚洲金融危机的影响，中国经济在 1998 年之后步入缓慢增长阶段，物价水平大幅下降，人们对通货膨胀的预期也随之改变。在低增长和低通货膨胀环境下，面对汇率的波动，企业自身吸收汇率冲击而保持原有价格不变可能是最好的选择，因而汇率传递效应相对较小。尽管在 2004 年前后，我国再次出现通货膨胀苗头，但与 20 世纪 90 年代初相比，仍属于较低的通货膨胀，并且与之前相比，中央银行驾驭宏观经济的能力有所增强，货币政策的公信力也有所提高。

上文分时段考证了人民币汇率传递效应呈现下降趋势，并分析了通货膨胀环境对人民币汇率传递效应变化趋势的影响。接下来，本书将考察在样本时间跨度内各期的人民币汇率传递效应大小。对此，本书首先采用递回归分析法，考察汇率传递系数大小的具体变化过程，详见图 1-1。

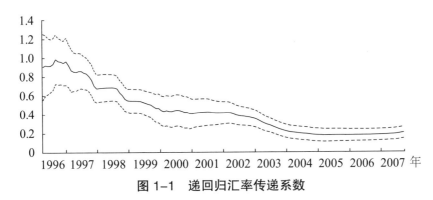

图 1-1　递回归汇率传递系数

通过观察图1-1不难看出，汇率传递系数基本呈现下降趋势。此外，本书采用 R 软件（www.r-project.org）进行计算和建模，运用滚动回归分析（Rolling Regression Analysis）方法得到每期的汇率传递系数，再次考证我国汇率传递效应的变动趋势，见图1-2。

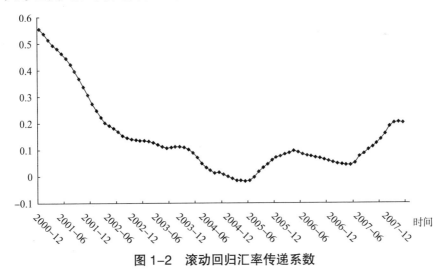

图 1-2　滚动回归汇率传递系数

滚动回归样本长度取 6 年，即 72 个月，样本时间跨度为 1995—2007年，共156个月，所以我们获得85个汇率传递效应系数。不难看出，在样本考察期间，人民币汇率传递系数有降有升，但总体呈现下降趋势。由于采用的方法不一，图 1-1 和图 1-2 所显示的汇率传递系数在各期的变动特征有差异，但总体趋势是相同的，两者均显示，在样本考察期间，人民币汇率传递效应总体趋势是下降的。此外，值得一提的是，如图 1-2 所示，人民币汇率传递系数在 2004 年下半年至 2005 年初出现负值。对此，本书认为，在此期间，人民币处于强烈的升值预期，引发了大量外来资本进入中国的金融市场，外汇占款导致我国的货币量急剧增加，成为影响我国国内物价水平的重要因素。2004 年我国外汇储备余额达 6099 亿美元，全年净增 2067 亿美元，比上年增长 50%。此外，2004 年我国的误差与遗漏项达 270 亿美元，创历史之最。人民币汇率传递系数出现负值，表明在升值与升值预期并存的情况下，人民币升值预期对国内物价产生的上升效应远大于理论上人民币升值可能产生的紧缩效应，尽管升值预期在 2005 年 7 月汇改之后依然存在，但与汇改之前相比，程度相对较小，这从 2005 年我国国际收支表中误差与遗漏项由 2004 年的正值转变为负值中不难找到答案。

四、汇率传递效应影响因素的考察

下文将建立计量模型，通过实证分析来进一步详细考察通货膨胀以及其他宏观经济变量对汇率传递效应的影响。正如前文所述，国外最新研究成果普遍认为通货膨胀率、汇率波动率、经济体产值规模以及经济体的开放度都是影响汇率传递的重要因素。对此，本书借鉴国外相关理论模型（Campa 和 Goldberg，2006；Ghosh 和 Rajan，2009）并考虑中国数据的可得性，建立如下计量模型：

$$erpt_t = \beta_0 + \beta_1 vneer_t + \beta_2 inf_t + \beta_3 money + \beta_4 realgdp_t + u_t \quad （1-13）$$

其中，$erpt$ 表示汇率传递系数，数据来自上述滚动回归的实证结果，共 85 个观测值；*vneer* 表示汇率波动率；*inf* 表示通货膨胀率；*money* 表示货币增长率；*realgdp* 表示真实 GDP。*vneer*、*inf*、*money* 和 *realgdp* 这四个指标均通过与 *erpt* 同期的原始数据的线性滤波平滑后得到，从而保证模型左右两边数据处理的一致性。汇率传递影响因素回归结果见表 1-6。

表 1-6　汇率传递影响因素回归结果

变量	回归系数	标准差	t 值	Pr（ >|t| ）
Intercept	−16.852985	5.164299	−3.263	0.00162 **
vneer	−0.118213	0.006407	−18.450	< 2e−16 ***
inf	0.199095	0.016412	12.131	< 2e−16 ***
money	0.209297	0.157354	1.330	0.18726
realgdp	−0.019087	0.001022	−18.684	< 2e−16 ***

注：调整后的 R^2 为 0.8863，F 统计值为 164.7，**、*** 分别表示显著性水平为 0.01、0.001。

实证结果表明，通货膨胀率与汇率传递系数存在显著的正相关性，货币增长率与汇率传递系数也存在正相关性，但没有通过显著性检验，而汇率波动率和真实 GDP 均与汇率传递系数存在显著的负相关性，并且在四个宏观影响因素中，通货膨胀率的影响效应最大，汇率波动率其次，真实 GDP 最小。可以说，通货膨胀率是影响我国汇率传递效应大小的最关键的因素，通货膨胀率越高，汇率传递效应越大，这与前文的实证结果是一致的。

我国的汇率波动率与汇率传递效应存在负相关性。正如前文所述，从目前国外的文献来看，就两者之间的关系并没有统一的结论。McCarthy（1999）和 Frankel 等（2005）的研究认为，两者存在负相关性，而 Hakura（2001）、Devereux 和 Yetman（2002）的实证研究得到

了两者存在正相关性的结论。对此，本书认为，与实行自由浮动汇率
制的经济体相比，我国有效汇率波动幅度相对较小，并且我国进口规
模庞大，进口厂商之间的竞争较为激烈，在这种情况下，面对汇率的
波动，进口厂商很可能通过调整成本加成或边际利润来维持价格不变，
以保留原有的市场份额，这无疑会降低总的汇率传递效应，因而汇率
波动率与汇率传递效应存在负相关性。

最后，真实 GDP 与汇率传递效应存在显著的负相关性，这与
Frankel 等（2005）的研究结论是一致的。一般来说，一国经济在快速
发展过程中，国民收入、人均 GDP 以及工资水平都会出现较快的增长，
劳动力成本也会有所提高，我国的实际情况也是如此[①]，这可以从巴拉
萨—萨缪尔森效应理论中得到解释。正如前文所述，进口产品需要通
过配送环节才能最终到达消费者手中，而配送成本最重要的影响因素
之一是劳动力成本。随着一国经济的快速发展和劳动力成本的提高，
配送成本在消费者价格中的占比将越来越高，由于这部分成本一般用
进口国家货币计价，汇率变动对其基本没有影响，因而汇率传递效应
随配送成本的增加而减小。可以推测，随着我国劳动生产率的不断提
高和经济体产值规模的不断扩大，巴拉萨—萨缪尔森效应将会逐步增
强，因而配送成本对我国汇率传递效应的影响将会逐渐扩大。从发达
国家的实践来看，Campa 和 Goldberg（2006）研究了 21 个 OECD 国

---

① 1995—2007 年，我国的实际平均工资指数分别为 34.955、36.442、36.936、
43.027、48.727、54.526、62.801、72.318、80.823、88.841、100、112.42、
123.6，数据来源于欧洲金融信息服务商（BvD）各国宏观经济指标库。我们
无法获得月度数据，但年度数据同样说明我国劳动力成本与国民生产总值基
本保持了同步增长态势。

家的汇率传递效应，他们认为进口产品的配送成本支出占消费者最终购买价格的30%~50%，这在很大程度上解释了为什么这些国家的汇率传递效应普遍呈现下降趋势。

五、结论及启示

本书首先考察了1995年1月至2007年12月人民币汇率变动与国内CPI之间的关系；其次，运用滚动回归计量方法分析了人民币汇率传递效应在样本考察期间的变动趋势；最后，探讨了影响我国人民币汇率传递效应的重要因素。实证结果表明，无论采用一般回归模型还是自回归分布滞后模型，均得到人民币汇率传递不完全的结论。在样本考察期间，我国人民币汇率传递效应总体呈现下降趋势，这与国外发达国家有关汇率传递研究成果的结论是一致的。通货膨胀率、汇率波动率以及真实GDP都显著地影响人民币汇率传递效应，虽然货币增长率与人民币汇率传递存在正向关系，但没有通过显著性检验。在以上四个影响因素中，通货膨胀率与汇率传递效应存在正向关系且对汇率传递效应的影响最大，为主导因素。汇率波动率与汇率传递效应之间存在负向关系，这与国外许多相关研究成果的结论正好相反。另外，真实GDP与汇率传递效应的负向关系表明，配送成本降低了汇率传递效应，虽然目前其影响不到2%，但随着巴拉萨—萨缪尔森效应的增强和劳动力成本的提高，这种影响将逐步扩大。

针对以上结论，本书得到以下几点启示。

第一，较低的汇率传递效应为稳步推进人民币汇率形成机制改革提供了条件。毋庸置疑，浮动汇率制是我国汇率制度改革的最终目标，汇率与利率一样，是市场经济的一种价格机制，价格机制在市场经济中能够较为有效地配置稀缺的经济资源。一般而言，一国实施浮动汇率制之后，汇率都会经历较大幅度的波动，在实施初期更是如此。如果经济体的汇率传递效应较低，那么汇率变动对国内经济的冲击较小；反之，就会对经济体造成较大的冲击，进而影响一国的总体物价水平和就业水平。

第二，不完全汇率传递研究为我国现行汇率制度的取向以及未来汇率制度的选择提供了新的理论基础。对经济体而言，实施不同的汇率制度规则（或者说不同的货币政策规则）对宏观经济的影响具有很大的差异（Devereux 和 Yetman，2002）。具体而言，如果经济体具有较高的汇率传递效应且实施弹性汇率规则，那么它能够通过汇率和利率的变动来隔绝外来冲击的影响，从而可以保持实体经济产出或消费的相对稳定。但在稳定实体经济的同时，通货膨胀水平却发生了较为剧烈的波动，因为较大幅度的名义汇率波动在较高的汇率传递效应环境下将导致物价水平的较大波动。所以，对具备较高汇率传递效应的经济体而言，就会面临如何在产出（或者消费）波动和通货膨胀波动两者之间进行权衡取舍的问题。如果实施固定汇率制，经济体可以通过利率调整来实现产出稳定，同时保持通货膨胀水平基本稳定（针对汇率保持稳定而言）；相反，如果汇率传递非常有限，那么经济体基本就不会面临如何在产出（或者消费）波动和通货膨胀波动之间取舍的两难选择问题，并且在这种较低的汇率传递效应环境下，经济体实施浮动汇率制比固定汇率制更容易实现低产出波动与低通货膨胀波动的"双赢"目标。不难理解，当汇率传递不完全时，引发汇率波动的外在冲击对国内通货膨胀的影响十分有限。与此同时，汇率变动能够较为迅速地通过影响利率水平（由不抛补利率平价原理可知）来平抑产出波动。换句话说，我们可以通过名义汇率的变动来稳定实体经济，而同时避免通货膨胀风险。

本书认为，从汇率传递视角来看，由于人民币汇率传递效应总体呈现下降趋势，并且通过前文的分析可知，随着中央银行货币政策公信力的提高，以及经济体实际产值的增加导致配送成本对汇率传递效应的影响越来越大，未来这种影响很可能得以延续，从而为我国实施浮动汇率制度提供良好的宏观经济环境。可以说，研究汇率传递问题能够为我国汇率制度的选择提供理论指导和实证检验。

第三，目前人民币汇率传递效应总体呈现下降趋势。考虑到未来中央银行实施货币政策的独立性及透明性将逐步提高，中央银行的宏观调控能力不断增强，以及配送成本对汇率传递效应的影响日益扩大，预计未来人民币汇率传递效应仍将趋于下降或基本保持稳定。从这个意义上讲，我国实施通货膨胀目标制的条件日趋成熟，货币当局应该更多地关注国内物价水平的变化，而将汇率变动监测放在相对次要的位置。货币当局可初步考虑实施通货膨胀目标制的方案。

第四，通过汇率变动（汇率政策）治理通货膨胀的作用有限，治理通货膨胀应该多管齐下。本书的实证结果表明，通过人民币升值来抑制物价的影响有限，且这种影响在不断下降。2007年至2008年上半年，针对我国可能出现全面通货膨胀的风险，政界、学术界提出了一种较为流行的观点，试图通过人民币升值来降低我国的通货膨胀率。本书的研究认为，这种观点缺乏实证支持。我们知道，通过一国货币升值来降低进口成本进而影响一国总体物价水平是有前提条件的，即汇率传递必须具有较高的效应程度。事实上，人民币汇率传递效应处于不断下降的趋势，因而通过调整汇率水平来治理通货膨胀，作用是很有限的。另外，随着我国经济体融入世界经济体系步伐的加快，非汇率变动的外来冲击(如石油冲击)对我国宏观经济的影响将越来越大，因而治理通货膨胀的难度加大。正如前文所述，目前世界上许多国家的汇率传递效应也呈现下降趋势，且不少国家同样面临如何治理通货膨胀的难题。从汇率传递视角来看，通货膨胀的治理不能仅仅依赖汇率政策，由于通货膨胀国际化趋势越来越明显，各国除了通过加强财政自律、实施有效的货币政策来应对通货膨胀外，更应该推动建立通货膨胀的国际协调机制。对此，中国也不例外。

　　本章主要从宏观视角研究了人民币汇率传递效应的变动趋势及影响因素，一定程度上弥补了目前有关人民币汇率传递研究的不足，但仍存在有待进一步研究和改进的地方。本章的不足之处在于，本章对汇率传递效应影响因素的考察是不全面的，比如未涉及微观影响因素的考察。此外，就滚动回归的结果而言，虽然总体趋势是下降的，但对于汇改之后汇率传递系数呈现上下波动态势这一现象，本章未能找到合理的解释。

　　关于未来人民币汇率传递的研究方向，笔者认为，宏观层面，可以从汇率制度变迁视角来探讨不同汇率制度对人民币汇率传递效应的影响有何不同，这一问题对于深化人民币汇率制度改革具有十分重要的理论和现实意义。另外，中观、微观层面也有许多值得我们研究的问题，比如人民币汇率变动对不同行业进出口价格的影响问题，以及行业集中度如何影响人民币汇率传递效应问题，都可以纳入我们的后续研究。

人民币汇率
传递效应研究

The Study on
RMB Exchange Rate
Pass-through Effect

| 第二章 |

人民币汇率变动对我国物价水平的传递效应：2005 年汇改之后的实证研究

一、引言

为抑制中国经济过热，消除可能存在的全面通货膨胀风险，中国人民银行加大了货币政策操作频率，2007 年连续六次加息，全年连续十次调高存款准备金率。然而，这一系列紧缩措施的实际效果并不明显。2007 年，我国 CPI 上涨 4.8%；2008 上半年，CPI 涨幅达 7.9%，呈愈演愈烈之势。

中美利率倒挂制约了我国利率政策的施展空间，如果我国中央银行进一步加息，在美国受次贷危机影响、预计进一步减息的背景下，两国"利率倒挂"现象将更加严重，这很可能导致大量"热钱"流入国内，进而通过外汇占款机制推高国内通货膨胀水平，加息对经济的紧缩效应将大打折扣。事实上，在此期间，我国的存款准备金率已达到历史最高水平。另外，通过行政手段实施信贷控制也只是权宜之计。

从理论上讲，一国货币升值对本国经济会产生明显的紧缩效应，这可以从经常项目和资本项目两个层面来理解。经常项目层面，一国货币升值后，出口减少导致总需要减少，从而对经济产生抑制作用。此外，以本币表示的进口产品价格降低，进而引发本国物价水平的总体下降。资本项目层面，长期来看，本币升值可以抑制外来长期资金的流入（外币转换成本币的汇兑损失增大），从而可以减少外汇占款所导致的基础货币投放，进而减少货币的供给量。

人民币升值真的能对国内经济产生紧缩效应吗？我们知道，产品的价格是影响进出口贸易的重要因素（在一定的价格弹性下，产品价格的变动必然会引起进出口贸易额的变动），所以汇率变动能多大程度地引起产品价格的变动，进而多大程度地引起贸易额的变动决定着该命题能否成立。只有在人民币汇率变动充分传递到产品价格的情况下，人民币汇率升值才能真正减少本国的出口，进而减少总需求和降低国内物价水平。从实践来看，自 2005 年 7 月以来，人民币汇率累计升值幅度超过 15%，但我国的贸易顺差并未减少，甚至出现了不减反增的局面。这是值得我们着重研究的。同时，只有当人民币汇率变动对进口产品价格的传递较充分时，人民币升值才能缓解输入型通货膨胀（从理论上讲，特别是当人民币汇率变动对进口产品价格变动存在 1∶1 的价格传递效应时，人民币升值可以极大地压低进口价格，进而降低国内总体物价水平）。人民币的价格传递效应是否真正如此呢？

这正是我们要研究的问题。

二、模型及数据来源

遵循上一章的研究思路，本章的理论分析不再赘述，同样遵循
Ghosh 和 Rajan（2009）的思路，建立以下计量经济模型：

$$p_t^m = \alpha_0 + \alpha_1 neer_t + \alpha_2 cpi_t^w + \alpha_3 gdp_t + v_t \tag{2-1}$$

$$p_t^c = \beta_0 + \beta_1 neer_t + \beta_2 cpi_t^w + \beta_3 gdp_t + \beta_4 m1_t + \beta_5 intr_t + u_t \tag{2-2}$$

其中，式（2-1）为产品进口利率传递模型。与产品的进口价格指数相
比，国内物价不仅受汇率、全球产品价格等宏观经济变量的影响，而
且与国内货币供应量以及市场利率存在紧密的关系。如果不将货币供
给量和市场利率纳入计量模型，我们无法得到正确、可靠的结论。考
虑了影响国内物价水平的其他因素后，本书建立了汇率变动对 CPI 传
递的计量模型，即式（2-2）。

在上述模型中，p_t^m 表示我国的进口价格指数。由于我国没有编制
进口价格指数，本书以我国重要的进口贸易国家和地区的月度出口额
与我国的月度进口贸易总额之比为权重，分别乘以这些国家或地区的
出口价格指数后，相加得到我国的月度出口价格指数。需要说明的是，
这些国家和地区分别是美国、日本、德国、法国、英国、意大利、加拿大、
澳大利亚、新西兰、巴西、新加坡、泰国、荷兰、波兰、爱尔兰、希
腊、丹麦、瑞士、瑞典、中国香港等。国际金融统计（IFS）数据库显
示，上述部分国家和地区也没有编制月度出口价格指数，但这些国家
和地区在我国进口贸易中的份额相对较小。综合考虑，本书用 IFS 每
月所列出的工业化国家总的月度出口价格指数乘以美国、日本等 16 个

国家的出口贸易总额与我国的进口贸易总额之比 [1]，同时加上新加坡、泰国、巴西、中国香港分别在我国进口贸易总额的权重乘以这些国家和地区的出口价格指数（这些数据均来自 IFS 月度数据），得到我国的出口价格指数。另外，我国对上述国家和地区的进口贸易数据来自 Wind 数据库。

$neer_t$ 表示我国的名义有效汇率，将上述 20 个国家和地区的货币与美元的比价转换成这些国家和地区的货币对人民币的比价，再分别乘以这些国家和地区进口额占我国进口总额的贸易权重，得到人民币名义有效汇率 [2]。这种算法更合理，更符合现实需要。以上数据均来源于 BvD 数据库。

cpi_t^w 表示全球产品价格指数 [3]，本书采用 Ghosh 和 Rajan（2009）的做法，将其作为企业边际成本及工资水平的替代变量。

gdp_t 表示我国的月度 GDP，由于我国没有统计月度 GDP，本书采用工业品增加值作为替代变量。

p_t^c 表示我国的国内物价指数，本书采用 CPI 来衡量。$m1_t$ 表示货币供给量，$intr_t$ 表示利率，数据来自 EIU 数据库。以上数据均采用自然对数形式。

---

[1] 波兰不属于工业化国家行列，IFS 的所列出的工业化国家总的月度出口价格指数不包含波兰的出口价格指数，但比利时、芬兰、西班牙包含在内。由于波兰对中国的出口额占欧元区出口总额的比重不到 2%，而比利时、芬兰、西班牙三国的贸易额占工业化国家贸易总额的比重也很低，所以，综合来看，这种数据处理方式是合理的。

[2] 通过采用直接标价法获得，指数上升表示人民币贬值，指数下降则表示人民币升值。

[3] 数据出自 IFS 数据库。

三、实证分析

（一）变量序列的平稳性检验及 E-G 两步法

本书运用 Eviews 5.0 计量软件，首先，对各变量序列的平稳性特征进行检验，揭示各变量变化的规律，对非平稳变量序列进行修正，使非平稳变量序列差分一次或两次后成为平稳序列；其次，考察非平稳变量序列之间的协整关系，这样可以避免对上述两个模型直接做回归分析可能导致的伪回归问题。各变量 ADF 检验结果如表 2-1 所示。

表 2-1 各变量 ADF 检验结果

变量	ADF 检验值及检验形式（C、T、N）	临界值（1%、5%、10%）	D.W 值	结论
P^m	−5.708119（C、T、0）	−4.296729*、−3.568379、−3.218382	2.07	I（1）
P^c	−5.380040（C、T、1）	−4.309824*、−3.574244、−3.221728	1.87	I（1）
$neer$	−4.511236（C、T、0）	−4.284580*、−3.562882、−3.215267	2.01	I（0）
cpi^w	−5.276279（C、T、0）	−4.296729*、−3.568379、−3.218382	1.99	I（1）
gdp	−5.117385（C、T、0）	−4.284580*、−3.562882、−3.215267	2.02	I（0）
$m1$	−4.783269（C、T、0）	−4.296729*、−3.568379、−3.218382	1.79	I（1）
$intr$	−3.451451（C、T、3）	−4.339330、−3.587527、−3.229230***	1.81	I（1）

注：I（0）表示变量序列为平稳序列；I（1）表示变量序列本身非平稳，差分一次后成为平稳序列；*、**、***分别代表各变量序列（原变量序列、差分变量序列）在 0.01、0.05、0.1 的显著水平下是平稳的；检验形式（C、T、N）括号中的 C 表示 ADF 检验时有常数项（C 为 0 时，表示不含常数项），T 表示含趋势项，N 表示滞后阶数。

由表 2-1 可知，进口价格指数 P^m、国内物价水平 P^c、货币供应量 $m1$ 以及利率 $intr$ 本身非平稳，差分一次后变为平稳序列，而月度 gdp 和名义有效汇率 $neer$ 两者都是平稳序列。需要说明的是，由于只能获得以美元表示的工业增加值的月度额，所以在做计量分析时，本书以平均月度人民币汇率对此进行换算。在样本考察期间，尽管以美元表示的工业增加值基本处于上升趋势，但人民币一直处于升值状态，这在一定程度上平滑了工业增加值变量序列。

对各变量做平稳性检验之后，我们得到了不同变量序列的特征。由于各变量序列的特征不一样，我们无法知道对式（2-1）、式（2-2）直接做 OLS 回归结果的真伪性，因此有必要进行协整检验。对此，本书将采用 E-G 两步法，首先对模型做 OLS 回归，之后对模型的残差序列做 ADF 检验，以检验模型设计的合理性。

对式（2-1）做 OLS 估计，得到如下回归方程：

$$p_t^m = 0.9402 + 0.2232 neer_t + 0.1826 cpi_t^w - 0.0062 gdp_t$$

$$（1.7830***）（7.9670*）（-0.4911） \qquad （2-3）$$

其中，括号内数值表示 t 统计量，其显著水平分别为 10% 和 1%。实证结果表明，月度 gdp 与进口价格指数的相关程度很小。人民币名义有效汇率、全球产品价格指数均与进口价格指数存在显著的正相关性。至此，第二步，对该计量模型的残差做平稳性检验，实证结果如表 2-2 所示。

表 2-2　进口价格指数与人民币名义有效汇率回归残差序列的 ADF 检验

ADF 检验统计量 −2.5362 （D.W = 2.1271）	1% 临界值	−2.6417
	5% 临界值	−1.9521
	10% 临界值	−1.6104

由表 2-2 可知，计量模型的残差序列是平稳的，也就是说，以上

回归不是伪回归，模型设计是较为理想的。

以上实证结果表明，在样本考察期间，平均来说，人民币名义有效汇率每变化1个单位，进口价格指数仅变动0.22个百分点，这表明人民币汇率传递具有不完全性；两者之间的正向关系则表明人民币名义有效汇率降低[①]导致进口成本下降。全球产品价格指数对我国的进口价格指数也有一定的影响，全球产品价格指数每增加1个单位，我国的进口价格指数将增加0.18个百分点。这表明国际通货膨胀对我国经济的影响并不是很大，我国宏观经济体抵御外来经济冲击的能力较强。

依照同样的方法，我们对式（2-2）做 OLS 估计，得到如下回归方程：

$$P_t^c = 3.4328 - 0.3180neer_t + 0.0556cpi_t^w + 0.0052gdp_t + 0.1169m1_t + 0.0160intr_t$$

$$(-2.5431**)\ (1.9231***)\ (0.43368)\ (5.3092*)\ (2.2889**)$$

$$(2-4)$$

同理，对该计量模型的残差序列做平稳性检验。由表2-3可知，该计量模型设计是合理的，实证结果真实可信。

表2-3 国内物价水平与人民币名义有效汇率回归残差序列的 ADF 检验

ADF 检验统计 −3.3293 （D.W = 1.9921）	1% 临界值	−2.6417
	5% 临界值	−1.9521
	10% 临界值	−1.6104

由回归结果可知，与式（2-1）的回归结果不同的是，人民币名义有效汇率与国内物价水平存在显著的负相关性。这一点与以往文献的结论是截然不同的。人们普遍认为，一国货币的升值有利于降低国内

---

① 由于本书采用直接标价法综合得到人民币名义有效汇率，所以数值上升表示
人民币贬值，下降则表示升值。

总体物价水平，而本书的结论却是货币的升值不但不能抑制物价水平，反而促成物价上涨。另外，本书研究发现，如果将式（2-2）中的人民币名义有效汇率变换成人民币对美元（日元）的汇率，将全球产品价格指数变换成美国（日本）的生产价格指数，我们再做 OLS 回归，结论仍然成立（篇幅有限，不再列出）。对此，本书试图从以下几个方面作出解释。

其一，样本的统计描述告诉我们，在样本考察期间，人民币对美元一直处于升值状态（见图 2-1），人民币对日元总体也呈现升值状态（见图 2-2），而图 2-3 表明，人民币名义有效汇率有降有升，总体趋势不太明显。同时，CPI 指数基本呈现上升趋势（见图 2-4）。另外，本书通过观察我国每月度从主要贸易国家的进口额数据发现，平均来说，我国从日本和美国两国的进口额占我国进口总额的比重达一半之多。所以，我们通过贸易加权得到的人民币名义有效汇率受人民币对美元、人民币对日元的汇率影响很大。从这个意义上讲，人民币名义有效汇率与 CPI 呈现负相关性，更多地受人民币对美元汇率、人民币对日元汇率两者与 CPI 关系的影响。

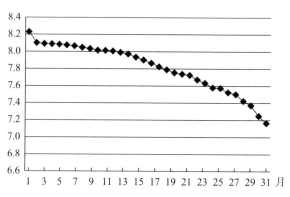

图 2-1　人民币对美元汇率月度数据态势

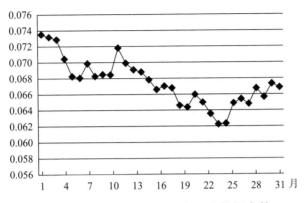

图 2-2 人民币对日元汇率月度数据态势

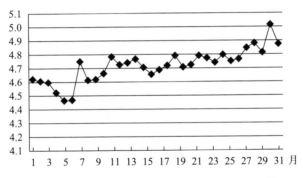

图 2-3 人民币名义有效汇率月度数据态势

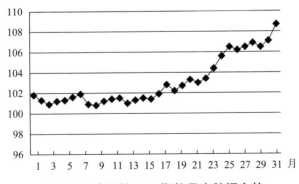

图 2-4 我国的 CPI 指数月度数据态势

其二，自 2005 年 7 月汇改以来，人民币进入升值通道，市场预计人民币还将维持升值趋势，升值预期无疑对大量短期资本进入中国进而推动物价上涨起到了推波助澜的作用。在此过程中，升值与升值预期同在，人民币升值预期对国内物价产生的上升效应远大于理论上人民币升值可能产生的紧缩效应。中国人民银行数据显示，2008 年第一季度，外汇各项贷款增加 488 亿美元，同比多增 462 亿美元，增加 18 倍；而 4 月的数据更甚，外汇储备余额增长 744.6 亿美元，创单月外汇储备余额增长历史新高。其中，贸易顺差和单月外商直接投资合计仅增长 242.8 亿美元，"不可解释性外汇流入"则高达 501.8 亿美元。

其三，市场不清楚人民币均衡汇率应该处于什么水平。人民币升值是我国要素价格长期被压制、最终要求得到释放的必然反映。均衡汇率反映了市场要素的均衡价格，在浮动汇率制度下，如果汇率传递机制是畅通的，超过一国均衡汇率的货币升值将对本国物价水平产生下降效应。显然，目前我国的情况并不完全符合这一理论假设。

另外，从回归结果还可以看出，全球产品价格指数对国内物价水平的影响通过了显著性检验，但影响不大，再次彰显了我国经济体抵抗外来冲击的能力。货币供给量对国内物价水平存在较大的影响，市场利率则影响较小。[1]

---

[1] 如果货币总量得到控制，进口品（如石油）涨价会使其他产品降价，而物价总水平不会变。如果进口品涨价会导致物价上升，那么日本应该表现最明显，因为日本的石油几乎 100% 靠进口。可是，2008 年前五个月日本的通货膨胀率为 1.1%，2007 年为零。石油靠进口的德国也一样，2008 年的通货膨胀率为 2.7%，2007 年为 2.2%，并没有受油价上升的影响。我国的情况也如此，石油价格翻番的 2006 年我国的通货膨胀指数仅为 1.5%（茅于轼，2008）。

（二）VAR 模型及脉冲响应函数

协整方程考察了变量之间存在的长期稳定的关系。通过以上分析
（是一种静态分析），我们知道了各解释变量与被解释变量之间的均
衡关系。然而，我们有必要了解变量之间可能存在的动态关系，这就
需要我们借助向量自回归（VAR）模型来分析，VAR 模型把系统中的
每一个内生变量作为系统中所有内生变量的滞后值的函数来构造模型。
一般地，P 阶 VAR 模型可写成如下表现形式：

$$y_t = \alpha_1 y_{t-1} + \alpha_2 y_{t-2} + \alpha_3 y_{t-3} + \cdots + \alpha_p y_{t-p} + \varepsilon_t \qquad (2-5)$$

对式（2-1）而言，$y_t = (p_t^m, neer_t, cpi_t^w, gdp_t)$，$\alpha_1, \alpha_2, \alpha_3, \cdots, \alpha_p$ 为
参数矩阵，ε_t 为扰动项。

对式（2-2）而言，$y_t = (p_t^c, neer_t, cpi_t^w, gdp_t, m1, \text{intr}_t)$，$\alpha_1, \alpha_2, \alpha_3, \cdots,$
α_p 为参数矩阵，ε_t 为扰动项。

人们通常运用脉冲响应函数方法对 VAR 模型进行分析。脉冲响应
函数方法描述的是扰动项上加一个标准差大小的冲击对于内生变量当
前值和未来值的影响，我们可以通过式（2-5）得到向量移动平均模型
（VMA）：

$$y_t = \psi_0 \varepsilon_t + \psi_1 \varepsilon_{t-1} + \psi_2 \varepsilon_{t-2} + \cdots + \psi_p \varepsilon_{t-p} \qquad (2-6)$$

其中，$\psi_p = (\psi_{p,ij})$ 为系数矩阵，$p = 0, 1, 2, \cdots$。对 y_j 的脉冲引起的 y_i
的响应函数为 $\psi_{0,ij}$，$\psi_{1,ij}$，$\psi_{2,ij}$，$\cdots$。

式（2-1）、式（2-2）的 VAR 模型如下：

$$p_t^m = 0.5406 p_{t-1}^m + 0.4606 p_{t-2}^m - 0.1138 neer_{t-1} + 0.0519 neer_{t-2} + 0.1413 cpi_{t-1}^w$$
$$- 0.1159 cpi_{t-2}^w - 0.009 \lg dp_{t-1} - 0.002 \lg dp_{t-2} + 0.6315 \qquad (2-7)$$

$$p_t^c = 0.7266p_{t-1}^c - 0.1229p_{t-2}^m - 0.213neer_{t-1} - 0.1639neer_{t-2} + 0.0122cpi_{t-1}^w$$

$$+ 0.0210cpi_{t-2}^w + 0.0053gdp_{t-1} + 0.0077gdp_{t-2} + 0.0134intr_{t-1} + 0.0002intr_{t-2}$$

$$- 0.0113m1_{t-1} + 0.0868m1_{t-2} + 1.2646 \qquad (2-8)$$

由 VAR 模型参数不难发现,进口价格指数受自身前一期变动的影响较大,调整系数为 0.5406,滞后两期的影响则变小。正如前文所述,人民币名义有效汇率与进口价格指数存在长期稳定的正相关性,表明人民币升值有利于降低进口价格指数。然而,由 VAR 模型我们可知,汇率变动在滞后一期与进口价格指数存在负相关性,在滞后两期才由负转正,说明通过汇率进而通过进口价格的变化来调整贸易收支失衡的效果并不明显。这可以通过前文提到的汇率传递效应的不完全性和汇率变动的时滞性来解释。全球产品价格指数与进口价格指数两者存在正相关性,通过了显著性检验,但影响甚微,再次表明我国经济体抵御外来经济冲击的能力较强。

另外,国内物价与自身滞后一期存在显著的正相关性,且调整系数达 0.7266。调整系数越大,调整速度越快,经济变量越容易达到均衡水平。全球产品价格变动对国内物价水平的影响也很小。

最后,通过观察调整系数容易看出,两个 VAR 模型的调整系数均较大,表明经济体系的自我调整能力较强。通过比较两个调整系数的大小可以发现,汇率变动对国内物价水平的影响大于对进口价格指数的影响。

下文考察人民币名义有效汇率、全球产品价格、国内产出、利率以及货币供应量的正向冲击对进口价格和国内物价的响应函数。本书将脉冲响应函数设定为 12 个月。结果表明,人民币名义有效汇率对进口价格指数存在负面影响，且随着时间的推移，其影响逐步小幅增加。
与此不同的是，人民币名义有效汇率对国内物价的影响呈现波动性，
在第 3 个月达到谷值后，第 4 个月趋于均衡水平，但之后再度调整，
时正时负，这说明人民币名义有效汇率波动对国内物价水平的影响较
为复杂。从这个意义上讲，单纯通过人民币汇率波动来抑制国内通货
膨胀水平存在很大的局限性。全球产品价格变动对进口价格和国内物
价均存在正面影响，但对进口价格的影响相对更大，这再次表明我国
经济体具有较强的抵御外来冲击的能力。另外，利率和货币供应量对
国内物价水平的影响较其他经济变量大，特别是货币供应量，从第 2
个月开始，其影响逐月增加，在半年后达到稳定峰值；从第 9 个月开
始，货币供应量对国内物价水平的影响再次增加，之后维持稳定水平。
因此，我们可以认为，中国的通货膨胀的根源在于流通中的通货大多，
治理通货膨胀应该更多地从货币流通视角出发来寻找对策。

四、结论及政策建议

本章运用时间序列的平稳性检验、基于协整关系的静态最小二乘
法、VAR 模型和脉冲响应函数，重点考察了自 2005 年 7 月汇改以来
进口物价、国内物价与人民币名义有效汇率之间长期存在的稳定关系
以及短期动态关系。本章在以往研究模型的基础上，针对中国的实际
经济状况，建立了理论模型和计量经济模型，并得到了一些重要的结论，
其中有一些结论与以往研究成果截然不同。

第一，人民币名义有效汇率变动对进口价格的传递是不完全的，
人民币名义有效汇率每变动 1 个单位，进口价格仅变化 0.2 个百分点，
并且两者之间的正向关系表明人民币升值能够在一定程度上降低以人

民币计价的进口产品成本。

第二，人民币名义有效汇率与国内物价存在负相关性。鉴于本书使用的标价法是直接标价法，本章得出的结论是人民币升值不仅不能降低国内物价水平、抑制经济过热，反而导致 CPI 持续上升。这与以往学者的研究结论恰好相反。

第三，全球产品价格并非影响我国国内物价水平的最重要的因素，我国经济体具备较强的抵御外来冲击的能力。货币供给量是影响我国通货膨胀的最关键的因素。

基于以上结论，本书得到以下几点启示。

首先，人民币汇率传递效应是不完全的，所以通过汇率变动来调整经常项目失衡也是不完全的，解决目前我国的经常项目失衡需要采取包括货币、财政政策在内的多种经济政策，多管齐下，而不能简单地通过汇率调整来解决。

其次，自 2005 年 7 月汇改以来，人民币对美元进入升值通道，但人民币名义有效汇率有贬有升，变化不一。笔者的实证研究表明，目前有关通过加快人民币升值步伐来减缓物价上涨，进而抑制经济过热的观点并没有得到实证结果的支持。正如前文所述，一是由于市场无法确知人民币均衡汇率水平，因此人民币升值预期将长期存在。二是人民币升值预期引发了大量外来资本进入中国的金融市场，外汇占款导致我国的货币量急剧增加，成为影响我国国内物价水平的最重要的因素。在升值与升值预期并存的情况下，人民币升值预期对国内物价产生的上升效应远远大于理论上人民币升值可能产生的紧缩效应。从这个意义上讲，我们应该加快人民币汇率决定的市场化进程改革，逐步消除人民币升值预期，这对减少大量短期资本进入中国，进而缓解通货膨胀大有裨益。

最后，全球产品价格指数并非影响我国通货膨胀的重要因素，我
国经济体具备较强的隔绝外来经济冲击的能力。消除我国的通货膨胀，
最重要的还是应该从货币流通视角出发，控制货币发行和减少过剩的
流动性乃治理通货膨胀的关键。

人民币汇率
传递效应研究

The Study on
RMB Exchange Rate
Pass-through Effect

第三章

人民币汇率变动对进口价格水平的
传递效应

一、引言

一般而言，汇率传递描述了汇率每变化 1 个单位对一国进出口产品价格和国内物价水平的影响程度[①]。在不考虑影响物价水平的其他因素的条件下，如果 1 单位的汇率变化对物价水平产生同等程度的变化，我们就认为汇率传递是完全的，或者说是充分的。从目前国内外

[①] Jayant Menon(1995)认为，汇率传递是指汇率变动引起一国进出口产品以目的地货币计量的价格的变化程度。

已有的文献成果来看，一般而言，物价水平的变化幅度往往小于汇率变化幅度，即汇率传递往往是不完全的、非充分的。国外对汇率传递问题全面展开研究始于 20 世纪 80 年代。随着汇率传递问题研究的不断深入，学术界的研究视角逐渐发生了改变，从传统的对汇率传递效应程度大小的考察发展到对影响汇率传递不完全因素的分析，之后开始细化研究汇率传递的不完全性问题，特别注重对汇率传递效应非对称问题的探讨。如文献综述部分所述，汇率传递的非对称性，包含两个层面的内容：一是一国汇率升值 1 个单位与贬值 1 个单位对物价水平的影响程度有何不同，二是一国汇率较大幅度的波动与较小幅度[①]的波动对物价水平的影响存在怎样的差异。

　　2010 年以前，国内有关人民币汇率传递非对称性问题的研究还不够深入，本书试图对这一问题作出分析。探讨人民币汇率传递非对称性问题，有利于把握人民币汇率升值和贬值对进口产品价格传递效应的大小差异，从而为我们研究人民币汇率变动与中国贸易收支关系问题提供新的视角，而这对于我国制定合理的贸易收支调节政策以维护经济体外部平衡具有十分重要的意义。此外，随着人民币汇率形成机制改革的不断深入，未来人民币汇率的波动幅度很可能增大，波动方向（升值或贬值）可能越来越具有不可控制性，因而对物价水平的影响将变得更为复杂。从这个意义上讲，研究人民币汇率传递非对称性问题有利于中央银行合理把握汇率波动对进口价格进而对国内物价水平的影响，为中央银行实施合理的货币政策提供实证支持。

---

① 本书将通过多种计量方法来界定汇率波动幅度的大小。

二、汇率传递非对称性研究理论分析

(一)汇率传递理论模型

无论从哪个视角来研究汇率传递问题,首先应该对汇率传递理论模型有基本的了解,这是我们探讨一切与汇率传递相关问题的基本立足点。从国内外研究现状来看,几乎所有模型都建立在出口(或进口)企业利率化这一理论之上(Pollard 和 Coughlin,2004)。

假定存在两个国家(本国 H 和外国 F),本国从垄断程度较高的外国市场进口产品 X^H,在本国市场上,外国出口商面临来自本国市场的替代品 y 的竞争。本国自外国的进口受进口产品价格、替代品价格以及本国收入水平的影响,即 $X^H = X^H(P^H, P^y, I^H)$,P^H 表示以本国货币计价的进口品价格,P^y 表示本国市场替代品的价格,I^H 表示本国的收入水平。此外,外国企业在自身所在国市场销售自身产品 X^F,人们普遍认为,$X^F = X^F(P^F, I^F)$。其中,P^F 表示外国企业在自身所在国市场销售产品的价格,I^F 表示外国的收入水平。

最后,假定最终产品 X(产品 X 的生产地点为 F 国)的中间投入品来自外国和本国两个市场。如果中间投入品来自 H 国,则中间投入要素价格 w 主要受汇率 e(1 单位 H 国货币等于若干 F 国货币)的影响。产品的生产成本取决于生产数量和要素价格,即,$C = C[X, w(e)]$ 其中 $X = X^F + X^H$,假定生产要素成本函数为一次齐次式,即 $C(X, w) = w(e)\phi(X)$。至此,可以得到外国出口企业的利润函数(以 F 国货币计价):

$$\max\prod = P^F X^F + eP^H X^H - w(e)\phi(X) \qquad (3-1)$$

分别对 X^F、X^H 求导,得到利润最大化的一阶条件:

$$P^F = w\phi'v^F \qquad (3-2)$$

$$P^H = w\phi' v^H \qquad\qquad (3-3)$$

其中，

$$v^a = \frac{1}{1 - \dfrac{1}{\varepsilon^a}} \qquad\qquad (3-4)$$

$$\varepsilon^a = -\left(\frac{\delta X^a}{\delta P^a} \frac{P^a}{X^a} \right), \quad a = F, H \qquad (3-5)$$

其中，v^a 表示成本加成，即成本与销售价格的比例；ε^a 表示需求价格弹性；$w\phi'$ 代表边际成本，当边际成本固定时，$w\phi''=0$，汇率传递公式可表达为

$$erpt \equiv \frac{\delta P^H}{\delta e} \frac{e}{P^H} = -\left(\frac{1 - \eta^{we}}{1 - \eta^{vH}} \right) \leq 0 \qquad (3-6)$$

其中，$\eta^{we} = \dfrac{\delta w}{\delta e} \dfrac{e}{w} \geq 0$，$\eta^{vH} = \dfrac{\delta v^H}{\delta P^H} \dfrac{P^H}{v^H} \leq 0$。

不难看出，汇率传递取决于边际成本对汇率变化的敏感程度以及成本加成的价格弹性。在间接标价法下，汇率传递值一般为负数，即 H 国汇率升值（$e \uparrow$）降低进口价格；反之，汇率贬值（$e \downarrow$）提高进口价格。此外，汇率传递系数的取值区间一般为 $-1 \leq erpt \leq 0$。如果 F 国出口企业全部运用 F 国自身的投入品进行生产，那么 $\eta^{we}=0$，当成本加成固定时（$\eta^{vH}=0$），汇率传递充分，即 $erpt=-1$。如果 F 国出口企业全部运用 H 国进口投入品进行生产，则完全不存在汇率传递，即 $erpt=0$。

（二）汇率传递效应非对称性的理论解释

从前文的综述不难发现，国内绝大部分文献没有考虑汇率传递程度大小与汇率变动方向（升值或贬值）的差异两者之间的联系。针对货币升值和贬值，出口企业很可能作出不同的定价反应。不仅如此，

针对1个单位的升值或贬值，出口企业作出的反应程度往往也不一样。对此，本书在 Pollard 和 Coughlin（2004）研究成果的基础上，形成了以下几种解释。

1.理论解释一：货币升值时的汇率传递效应较贬值时大

市场份额说认为，如果外国企业的目标定位于东道国的市场份额（market share），当汇率发生变化时，第一种可行的策略是企业保持 p^H 稳定，因而不存在汇率传递效应。在这种定价策略下，当 H 国货币贬值时，外国出口企业利润（以外国企业自身国家货币计价）减少，反之则相反。第二种策略是 H 国货币升值时企业可通过调整成本加成来增加市场份额（p^H 降低），货币贬值时采取保持 p^H 不变策略以维持原有市场份额，此时汇率传递效应表现出非对称性，即 H 国货币升值对 p^H 的传递效应大于贬值时的传递效应。

对于第二种策略，假定外来企业对出口产品的定价不超过 H 国的替代产品 y 的销售价格，汇率传递系数可表述为

$$erpt \equiv \frac{\delta P^H}{\delta e} \frac{e}{P^H} = -\left(\frac{1-\eta^{we}}{1-\eta^{vH}}\right) < 0 \qquad 当 e \uparrow \qquad （3-7）$$

$$erpt \equiv \frac{\delta P^H}{\delta e} \frac{e}{P^H} = 0 \qquad 当 e \downarrow \qquad （3-8）$$

当 $P^H = P^y$ 时，H 国货币贬值促使外来企业降低成本加成以维持 P^H 固定，汇率传递效应等于零；而当 $P^H < P^y$ 时，H 国货币升值通过维持或小幅提高成本加成促使 P^H 下降，汇率传递效应出现，市场份额增加。也可以说，H 国货币贬值时，外来企业采取 $P^H = P^y$ 的策略，此时汇率传递效应趋于零；而 H 国货币升值时，外来企业采取 $P^H = P^y$ 的策略，此时出现汇率传递效应。

此外，Webber（2000）提出了生产转换说（production switching）来解释汇率传递的非对称性。简单地说，对同一单位的升值和贬值，汇率传递效应程度大小不一，一个重要原因在于外来企业往往需要通过进口部分要素进行产品生产。换句话说，外来企业产品生产所需中间要素投入需要在国内与国外两者之间进行选择。生产转换说的核心思想是货币升值引发的汇率传递效应明显大于贬值时的情况。

2.理论解释二：货币贬值时的汇率传递效应较升值时大

以上理论认为货币升值时的汇率传递效应大于贬值时的效应。数量限制说（binding quantity constraints）与上述结论正好相反，认为货币贬值时较升值时的汇率传递效应更大。

所谓数量限制，又可称为能力限制，是指当 H 国货币升值时，外国出口企业在 H 国增加产品销售受到 H 国的限制。[①] 在这种情况下，当本国货币升值时，外国出口企业通过增加成本加成维持 P^H 固定不变。换句话说，企业无法通过降低销售价格来增加市场份额（因为销售量限额的缘故）和边际利润。当 H 国货币贬值（F 国货币升值）时，外国出口企业很可能会提升产品在 H 国的销售价格以减少货币贬值带来的损失。综上所述，数量限制说认为，本国货币贬值对进口价格的传递效应大于升值对进口价格的影响。数量限制一般源于贸易限制，如配额、出口限制等外在措施。同时，数量限制可能源于企业内部因素的影响，如企业扩张能力有限。Knetter（1994）和 Gil-Pareja（2000）研究了数量限制对汇率传递的影响，他们认为，H 国货币升值不会促

---

① Pollard 和 Coughlin（2004）没有对此作出解释。笔者认为，H 国货币升值，贸易条件恶化，为保护本国的民族产业免受外来冲击，H 国采取措施来限制外来企业在本国的销售能力。

成 P^H 的下降，企业很可能通过调整成本加成来缓释汇率传递的影响。当 H 国货币贬值时，企业倾向于提高在 H 国的销售价格。

本书基于以上研究，完善了第四种解释汇率传递效应不对称性的市场结构说。市场结构说认为，垄断促成了汇率升值和贬值时不同程度的传递效应。当本国货币升值时，如果外来企业在本国产品销售市场上具有一定的垄断程度，它们很可能保持以本币计价的产品价格不变（相应地提高了以外来企业所在国家货币计量的价格水平），从而可以增加外来企业的利润（以外来企业所在国家的货币计量），此时表现出较低的汇率传递效应或不存在汇率传递效应；相反，如果此时本国货币贬值，外来企业随之提高产品的价格以保持原有利润（以外来企业所在国家的货币计量），此时表现出较高的汇率传递效应。从以上分析不难看出，对具有一定垄断程度的市场而言，外来企业在本国货币升值和贬值时表现出汇率传递效应的非对称性，本国货币贬值对进口价格的传递效应大于升值对进口价格的影响。

与市场份额说的假设条件不同，由于外来企业在本国产品销售市场上具有一定的垄断程度，外来企业对出口产品的定价很可能超过 H 国的替代产品 y 的销售价格，汇率传递系数可表述为

$$erpt \equiv \frac{\delta P^H}{\delta e}\frac{e}{P^H} = -\left(\frac{1-\eta^{we}}{1-\eta^{vH}}\right) < 0 \qquad 当 e \downarrow \qquad （3-9）$$

$$erpt \equiv \frac{\delta P^H}{\delta e}\frac{e}{P^H} = 0 \qquad 当 e \uparrow \qquad （3-10）$$

当 $P^H > P^y$、H 国货币贬值时，外来企业很可能维持成本加成不变以提高 P^H，此时表现出较高的汇率传递效应；相反，当 H 国货币升值时，外来出口企业采取保持 P^H 基本稳定的策略来增加以外来企业所在

国家货币计量的利润水平，此时表现出较低的汇率传递效应或不存在汇率传递效应。

上文分析了研究汇率传递非对称性的理论观点。在此，我们将四种理论观点所解释的非对称性用图形来表示。市场份额说及生产转换说可用导论图 1 中 C 曲线所遵循的路径来表示，即货币升值时汇率传递效应较贬值时大；数量限制说和市场结构说则可用 B 曲线遵循的路径来表示，即货币贬值时的汇率传递效应较升值时大。

3. 理论解释三：不同汇率波动幅度下的非对称性效应

事实上，研究汇率传递非对称性的成果不仅局限于汇率变动方向视角。近年来，基于汇率变动大小来研究汇率传递非对称性的成果开始显现。人们普遍认为，菜单成本是影响汇率较大波幅和较小波幅引发汇率传递不对称的重要因素。本书从贸易产品以进口国货币（本国货币）和出口国货币（外国货币）两种不同的货币计价出发，就菜单成本对汇率波幅大小引发的传递效应非对称性的影响进行理论阐述和理论推导。

出口企业调整贸易品的价格存在菜单成本，菜单成本具有相对稳定的特点，只有当汇率变化引致的价格潜在变化超过菜单成本临界值时，企业调整价格才是理性的；反之，企业调整价格得不偿失。

（1）第一种情况。如果在本国市场上销售的贸易品以外国货币计价，汇率的较小波幅不会引发企业调整产品价格。换言之，此时汇率变化没有超过菜单成本临界值，以外币计价的产品价格保持不变。与之对应，汇率变化将导致以本国货币衡量的进口价格发生变化，且变化的大小取决于汇率变化的程度，汇率变化显著影响以本国货币衡量的进口价格，即汇率传递存在较高的效应程度。当汇率波幅较大且超过菜单成本临界值时，出口企业调整以自身货币计价的销售价格，这将导致出口企业吸收以进口国货币衡量的产品价格的部分变化，进而降低汇率变化对以进口国货币衡量的产品价格的传递效应。[①]综上所述，我们得到如下汇率传递系数：

$$|erpt_L| \equiv \left| \frac{\delta P_L^H}{\delta e} \frac{e}{P_L^H} \right| = \left(\frac{1-\eta_L^{we}}{1-\eta_L^{vH}} \right) < |erpt_S| \equiv \left| \frac{\delta P_S^H}{\delta e} \frac{e}{P_S^H} \right| = \left(\frac{1-\eta_S^{we}}{1-\eta_S^{vH}} \right) \qquad （3-11）$$

其中，L 代表汇率波动幅度较大的状态，S 代表汇率波动幅度较小的状态。

（2）第二种情况。我们假定在本国市场上销售的外来贸易品以本国货币计价，汇率变化的传递效应正好与上述推导相反。当汇率变化幅度小于菜单成本临界值时，虽然出口企业获得的以自身货币计价的利润可能会下降，但保持出口价格稳定是最佳策略，汇率变化对进口价格基本上没有影响，因而传递效应接近零；相反，当汇率变化的幅度足够大时，企业将调整以进口国货币计价的产品价格来保持以自身货币计价的利润水平，因此汇率变化将导致进口国进口价格相对应的变化，即汇率传递表现出较高的效应程度。综上所述，我们认为汇率传递系数的关系可表述为

---

① 以中美两国贸易来分析，假定美国出口产品在中国市场上以美元标价，当人民币大幅升值时，美国出口企业很可能随之改变其产品在中国市场上的美元价格而保持以人民币计价的产品价格基本稳定，此时人民币汇率变化对进口价格（以人民币衡量）的影响基本为零。简而言之，贸易品以美元计价，人民币汇率波幅较大，则汇率传递效应较小。

$$\left|erpt_L\right| \equiv \left|\frac{\delta P_L^H}{\delta e}\frac{e}{P_L^H}\right| = \left(\frac{1-\eta_L^{we}}{1-\eta_L^{\upsilon H}}\right) > \left|erpt_S\right| = \left|\frac{\delta P_S^H}{\delta e}\frac{e}{P_S^H}\right| = \left(\frac{1-\eta_S^{we}}{1-\eta_S^{\upsilon H}}\right) \qquad (3-12)$$

其中，L 代表汇率波动幅度较大的状态，S 代表汇率波动幅度较小的状态。

三、模型与实证分析

（一）基本模型

根据前文所述的汇率传递理论模型，我们建立人民币进口价格指数与汇率变动关系的传递方程：

$$\Delta\ln p_t = \alpha + \beta_1\Delta\ln ne_t + \beta_2\Delta\ln ppi_t + \beta_3\Delta\ln w_t + \beta_4\Delta\ln gdp_t + u_t \qquad (3-13)$$

其中，p_t 代表以人民币计价的进口价格指数；ne_t 表示人民币汇率；ppi_t 表示我国进口替代品的价格，采用国内生产价格指数（PPI）作为替代变量；w_t 表示进口产品的边际成本，以我国主要贸易国生产价格指数的加权平均值作为替代变量，权重以每季度我国与各国进出口贸易额占所选国家全部进出口贸易的比例来衡量；gdp_t 代表季度国内生产总值。

通过对式（3-13）进行实证分析，我们可以得到汇率传递效应大小。该模型没有考虑汇率传递的非对称性，本书通过式（3-14）来弥补式（3-13）的不足，着重分析人民币汇率变动对进口价格传递的非对称性。对此，本书首先通过设置哑变量来表示季度人民币汇率升值或贬值。

$$A_t = \begin{matrix} 1 \\ 0 \end{matrix} \quad \begin{matrix} \text{当} \Delta\ln ne_t > 0 \\ \text{其他情况} \end{matrix} \qquad\qquad D_t = \begin{matrix} 1 \\ 0 \end{matrix} \quad \begin{matrix} \text{当} \Delta\ln ne_t < 0 \\ \text{其他情况} \end{matrix}$$

将上述哑变量代入式（3-11），即将 $\beta_{1A}(A_t\Delta\ln ne_t) + \beta_{1D}(D_t\Delta\ln ne_t)$ 替代 $\beta_1\Delta\ln ne_t$ 得到式（3-14）以考察升值和贬值条件下人民币汇率的传递效应有何不同。

$$\Delta \ln p_t = \alpha + \beta_{1A} (A_t \Delta \ln ne_t) + \beta_{1D} (D_t \Delta \ln ne_t) + \beta_2 \Delta \ln ppi_t + \beta_3 \Delta \ln w_t + \beta_4 \Delta \ln gdp_t + u_t$$

$$（3-14）$$

其次，我们通过设置哑变量来衡量月度人民币汇率变动幅度（大小）的汇率传递效应：

$$L_t = {1 \atop 0} \quad {\text{当 } |\Delta \ln ne_t| \geqslant \text{临界值} \atop \text{其他情况}} \qquad S_t = {1 \atop 0} \quad {\text{当 } |\Delta \ln ne_t| < \text{临界值} \atop \text{其他情况}}$$

同样，加入哑变量之后，式（3-13）变为

$$\Delta \ln p_t = \alpha + \beta_{1L} (L_t \Delta \ln ne_t) + \beta_{1S} (S_t \Delta \ln ne_t) + \beta_2 \Delta \ln ppi_t + \beta_3 \Delta \ln w_t + \beta_4 \Delta \ln gdp_t + u_t$$

$$（3-15）$$

（二）数据来源及处理

中国的进口价格指数自 2005 年开始对外公布，之前的数据我们无法得到。鉴于此，本书通过构建数据找到进口价格指数的近似替代变量。我们借鉴陈六傅和刘厚俊（2007）的构建方法，以中国主要贸易国家和地区出口价格指数加权平均值作为进口价格指数的替代变量，权重为各经济体对中国的出口额占所选国家和地区对中国的全部出口额。由于国际货币基金组织（IMF）统计的各经济体的出口价格指数是以美元标价的，因此加权平均得到的我国进口价格指数也是以美元计价的，陈六傅和刘厚俊的构建方法存在一些不足，本书对此做一些改进。由于我们需要考察的是人民币汇率变动对中国进口价格的影响，我们有必要将构建的进口价格指数转变成人民币计价。对此，本书通过将人民币对美元的汇率指数化，将以美元计价的中国进口价格指数转变为以人民币计价的进口价格指数，更好地反映了人民币汇率变动对以人民币计价的进口价格的影响。人民币汇率以名义有效汇率表示，数据来自 IMF。

　　本书采用国内生产价格指数 PPI 作为进口替代品价格指数的替代变量，数据来源于中经网统计数据库。进口产品的边际成本 w，以我国主要贸易国和地区的生产价格指数加权平均值作为替代变量，每季度我国与各国和地区进出口贸易额占所选国家和地区全部进出口贸易的比例为权重。其中，我国主要贸易国和地区的生产价格指数均来自 IMF 官方网站，双边进出口贸易额数据来自中经网统计数据库。GDP 为季度国民生产总值。

　　图 3-1 和图 3-2 表明了进口价格指数、人民币名义有效汇率的变动趋势，进口价格指数在东南亚金融危机之后的很长一段时间里呈现下降趋势，2004 年之后，随着全球经济的快速增长以及国际能源价格的不断上升，我国的进口价格指数经历了大幅上升阶段。此外，1995—2002 年我国的人民币名义有效汇率总体呈现升值态势，与进口价格指数之间存在明显的负相关性；2002—2004 年，人民币名义有效汇率经历了较大幅度的贬值，与此同时，进口价格指数呈现小幅下降趋势；2004 年之后，人民币名义有效汇率一改贬值态势，大幅升值，此时进口价格指数与人民币名义有效汇率出现了相同的走势。从以上分析不难发现，2002 年之后，人民币名义有效汇率与进口价格指数两者之间存在较为明显的正相关性。

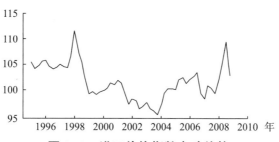

图 3-1　进口价格指数变动趋势

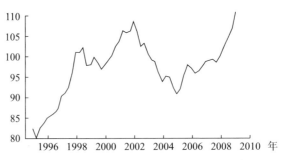

图 3-2　人民币名义有效汇率变动趋势

（三）计量结果及分析

本书运用 R 软件对式（3-13）做回归分析，各变量序列均用对数形式表示，并且都差分一次，得到的计量结果如表 3-1 所示。

表 3-1　人民币名义有效汇率变动对进口价格的传递回归结果

变量	回归系数	标准差	t 值	Pr(>|t|)
Intercept	−0.003854	0.001983	−1.943	0.057641
ne	0.329541	0.093340	3.531	0.000901[***]
ppi	0.461285	0.143644	3.211	0.002312[**]
w	0.390068	0.120439	3.239	0.002136[**]
gdp	−0.012153	0.009101	−1.335	0.187791

注：调整后 R^2 为 0.5247，F 统计值为 15.91，**、*** 分别表示显著性水平为 0.01、0.001。

从回归结果不难看出，人民币名义有效汇率、进口替代品价格以及进口产品的边际成本均对进口价格指数存在显著的影响。国内生产总值对进口价格指数影响很小，且没有通过显著性检验。此外，我们发现人民币名义有效汇率变动对进口价格指数的传递是不完全的，汇率每变化 1 个单位，进口价格指数仅变化 0.33 个单位。为了进一步考察汇率传递系数的具体变化过程，本书通过滚动回归分析法进行分析。传统的计量模型一般有系参数为固定值的重要假设，事实上，经济环境处于不断的变动中，这些默认假设的参数可能随着经济系统的演变而呈现明显的动态过程。滚动回归分析法是获得这些经济系统动态演化过程的有用技术，通过给定每次回归模型的窗宽，可以得到等价意义下不同时期内系统参数的变化。与一般静态回归分析相比，滚动回归分析考察了回归系数的动态变化，即变动趋势，详见图3-3。

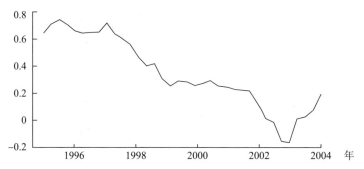

图3-3　人民币名义有效汇率变动对我国进口价格指数的传递效应变动趋势

　　滚动回归样本长度取5年，即20个季度，样本时间跨度为1995年第一季度至2008年第四季度，共56个季度，我们获得37个汇率传递效应系数。不难看出，在样本考察期间，人民币名义有效汇率变动对进口价格指数的传递效应时升时降，但总体呈现下降趋势。这与我们以往的研究[①]存在相似性。倪克勤和曹伟（2009）研究了人民币名义有效汇率变动对以CPI衡量的中国国内物价水平的传递效应。结论表明，汇率变动对中国国内物价水平的传递效应呈现下降趋势。可以说，本书的研究为以往的研究提供了实证支持。作为CPI的重要组成部分，汇率变动对进口价格的传递效应趋于下降很大程度上证实了我们以往

①　倪克勤，曹伟.人民币汇率变动的不完全传递研究：理论及实证 [J].金融研究，2009(6)：44-59.

研究结论的可靠性。

那么，我们该如何解释汇率传递效应总体呈现下降趋势这一现象呢？本书从以下几个方面作出探讨。

第一，汇率传递效应与通货膨胀率两者间的关系。关于汇率传递效应大小与通货膨胀率之间的关系，最早的文献可追溯至 Taylor（2000）。Taylor 的研究表明，一国货币当局实施可信赖的低通货膨胀货币政策将导致低汇率传递效应。也就是说，通货膨胀率越低，汇率传递效应越小，反之则相反。

本书认为，通货膨胀环境很可能是影响人民币汇率传递效应变化趋势的一个重要因素。加拿大银行在 2000 年 11 月的货币政策报告中指出，低通货膨胀环境本身就能改变出口企业的定价行为。当经济体的通货膨胀率持续较低时，人们认为中央银行致力于保持低通货膨胀的政策是可信的，通货膨胀率未来仍将保持稳定。如此，企业能够准确无误地把握中央银行的货币政策操作意图，它们不太可能将包括汇率波动在内的各种经济冲击引发的成本变动传递至消费者价格。一是外来出口企业（通过在本国的代理商销售贸易品）出于菜单成本的考虑；二是企业将汇率变动冲击传递至消费者价格（通过进口价格）的行为是徒劳的，因为中央银行的货币政策最终会将物价打压下去，外来出口企业短期的获利很可能以失去市场份额为代价。具体就中国而言，中国在 20 世纪 90 年代初经历了较高的通货膨胀，特别是在 1993 年、1994 年，通货膨胀率高达两位数，分别为 13.2% 和 21.7%，在样本考察首期至亚洲金融危机前夕，我国的通货膨胀水平逐年下降，但平均通货膨胀率达 9% 之多。更重要的是经济人经历了较高的通货膨胀之后，短期内仍无法消除通货膨胀预期。或者说，他们对中央银行采取的致力于保持经济体低通货膨胀的货币政策缺乏信心，中央银行的货币政策公信力随之降低。在这种情况下，汇率的变动对进口价格水平的传递程度就会相对较大。之后，受中国经济周期和亚洲金融危机的影响，中国经济在 1998 年之后步入缓慢增长阶段，物价水平大幅下降，人们对通货膨胀的预期也随之改变。在低增长和低通货膨胀环境下，面对汇率的波动，外国出口企业自身吸收汇率冲击而保持原有价格（人民币计价）不变可能是最好的选择，因而汇率传递效应也就相对较小。2004 年前后，我国经济体再次出现通货膨胀苗头，但与 20 世纪 90 年代初相比，仍属于较低的通货膨胀水平。并且与亚洲金融危机爆发前相比，中央银行驾驭宏观经济的能力有所增强，货币政策的公信力也有所提高。所以，汇率变动对进口价格的传递效应相对较小，尽管传递效应变动趋势随通货膨胀率的变动出现了逆转。综上所述，我国的通货膨胀率水平与汇率变动的进口价格传递效应之间存在正相关系。

第二，中国进口产品结构的变化与汇率传递效应。一国进口产品主要包括两部分：一是工业制成品，二是初级产品。总体而言，工业制成品对汇率变动的反应不太敏感；相反，初级产品的价格往往受汇率变动的影响较大。如果一国进口贸易品中工业制成品比重大于初级产品，则该国汇率变动对进口价格的传递效应较小，反之则较大。通过观察 1995 第一季度至 2008 年第四季度共 56 个季度的数据我们发现，平均来说，工业制成品进口额约占我国进口总额的 80%，而初级产品占比仅为 20%，这一定程度上解释了人民币汇率传递对进口价格传递不充分的原因。此外，人民币汇率变动对进口价格的传递效应呈现下降趋势，这可能与中国的进口产品结构变化有关。图 3-4 给出了 1995 年第一季度至 2008 年第四季度中国主要进口产品占比变化情况。不难看出，在六大类进口产品中，机械及运输设备占比最大，其次为按原料分类的制成品。在六大类进口产品分类中，食品及活动物，非食用原料（燃料除外），矿物燃料、润滑油及有关原料三大类均为初级产品，余下三种均属于工业制成品。

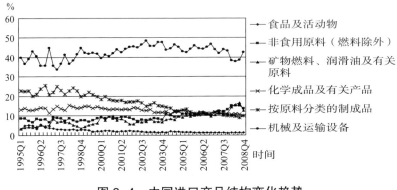

图3-4　中国进口产品结构变化趋势

汇率变动对进口物价水平的传递总效应取决于汇率变动对各类进口产品价格的传递子效应。Campa 和 Goldberg（2004）以及 Otani 等（2003）的研究表明，汇率变动对燃料、食品以及原材料的传递效应程度较高，而对工业品的传递效应程度较小。

从图3-4可以看出，1995年第一季度至2008年第四季度，机械及运输设备占比较为平稳，大约为40%，加之这一类型的产品对汇率变动的敏感程度较低，因而对汇率传递效应的贡献较为稳定。占比位于第二的是按原料分类的制成品，与机械及运输设备不同的是，该类产品的进口价格对汇率变动较为敏感。该类产品占比总体呈现下降趋势，因而对汇率传递效应的贡献率逐步降低。食物类进口产品对汇率变动的反应较为敏感，此类产品的进口比例总体呈现下降趋势，因而对汇率传递总效应的贡献程度趋于下降。此外，进口占比较小且对汇率变动较为敏感的非食用原料（燃料除外）及矿物燃料、润滑油及有关原料总体呈现相对稳定的态势，只是最近几年，两者的占比有所扩大。最后，化学成品及有关产品对汇率的变动不敏感，其进口额在进口总额中的比重保持了相对稳定的趋势。上述特点很大程度上解释了为什么人民币汇率变动对进口价格的传递效应总体呈现下降趋势。尽管如此，从图3-3不难发现，最近几年汇率传递趋势有所改变——汇率传递效应呈现小幅上扬，这很可能与我国最近几年原料及矿物产品（汇率变动对其进口价格具有较高的传递效应）进口额呈现上升趋势有关。

下一步，我们对式（3-14）进行实证分析。式（3-14）旨在分析人民币名义有效汇率升值和贬值时对进口价格指数的影响有何不同，简单地说，本书主要考察人民币名义有效汇率升值1个单位或贬值1个单位对进口价格指数的影响孰大孰小，即前文所述的汇率变动方向对价格传递的非对称性。通过运行R软件，本书得到的计量结果（见表3-2）。

表3-2 汇率变动方向对价格传递的非对称性回归结果

变量	回归系数	标准差	t 值	Pr(>|t|)
Intercept	0.009341	0.003285	2.843	0.006491**
A(ne)	−0.018708	0.191759	−0.098	0.922678
D(ne)	0.599299	0.159174	3.765	0.000446***
ppi	0.451104	0.139290	3.239	0.002159**
w	0.439627	0.119169	3.689	0.000564***
gdp	−0.012464	0.008820	−1.413	0.163953

注：调整后 R^2 为0.5537，F 统计值为14.4，**、*** 分别表示显著性水平为0.01、0.001。

从回归结果不难发现，人民币贬值1个单位较升值1个单位对进口价格的传递效应大，人民币贬值 1 个单位，进口价格将增加 0.6 个单位，且计量结果通过了显著性检验。与之相反的是，升值对进口价格的影响很小，且没有通过显著性检验。人民币升值对进口价格的影响很小，基本上可以忽略。对此，本书认为，我国进口的产品偏向资本密集型产品和资源密集型产品，进口依赖程度较高、进口替代程度较小，这些特点决定了外国出口企业在中国对外贸易中具有较大的定价权。从理论上讲，进口国货币升值很可能促使外国出口企业降低以进口国货币计价的进口价格。然而，当一国进口依赖程度高且不具备较强的议价能力时，通过升值降低进口价格从而扩大进口规模的能力将受到很大的压制。在这种情况下，外国出口企业将会增加成本加成以保持出口价格（以进口国货币计价）基本不变，因而货币升值对进口价格的传递效应较小，外国出口企业可以获得较高的边际利润。与上述情况不同的是，进口国货币贬值对进口价格的传递效应较大。这是因为外国出口企业在双边贸易中具有定价权，当进口国货币贬值时，外国出口企业为维持原有的利润水平（以出口国货币计价），很可能固定成本加成，致使进口国货币贬值对进口价格存在较大的汇率传递效应。

综上所述，人民币贬值所引发的传递效应较升值时大。这一现象与前文所述的贸易限制说和数量限制说是一致的。同时，实证结果也间接表明，市场份额说不能解释人民币汇率变动对进口价格的传递效应，这在一定程度上说明了外国出口企业在中外双边贸易中处于主动地位，具备较强的议价能力。

最后，由表 3-2 可知，进口替代品价格与进口价格指数存在正相关性，且结果通过了显著性检验；进口产品价格（w）与进口价格指数存在正相关性；与上文计量结果一致，GDP 与进口价格指数之间不存在明显的相关性。

上文基于汇率变动方向视角研究了人民币汇率传递的非对称性，下文将从汇率波幅大小这一角度继续探讨汇率传递的非对称性问题。从目前国内研究现状来看，这一方面处于空白状态，没有相关的研究文献。基于汇率波幅大小来研究汇率传递的非对称性效应，我们首先要明确一个问题，即如何界定汇率波幅大小。以贬值为例，假定货币贬值的幅度超过某一门限值，我们就认为是大的汇率变动；如果货币贬值小于某一门限值，我们就认为是小的汇率变动。

本书运用三种不同的方法来描述汇率波幅的大小程度：一是运用中位值，二是运用平均值，三是通过门限模型获得门限值。在传统经典的线性模型分析框架下，我们难以描述非对称情况存在的系统性质，运用同样的模型拟合不同数据时，会产生结果的不一致性。本书借鉴门限回归方法（Hansen，1996、1999、2000）建立门限回归模型，来分析变量之间的关系。

通过运用 R 软件对式（3-15）进行计量回归，得到的计量结果如表 3-3 所示。

表 3-3　汇率变动大小与传递效应的非对称性：中位值为门限值

变量	回归系数	标准差	t 值	Pr(>|t|)
Intercept	−0.008103	0.002866	−2.828	0.006774**
L(ne)	0.555845	0.144209	3.854	0.000338***
S(ne)	0.034435	0.172449	0.200	0.842556
ppi	0.450273	0.140095	3.214	0.002317**
w	0.440886	0.119849	3.679	0.000583***
gdp	−0.011685	0.008850	−1.320	0.192856

注：调整后 R^2 为 0.5518，F 统计值为 14.3，**、*** 分别表示显著性水平为 0.01、0.001。

通过运行 R 软件，门限模型自动生成的门限值为 58%，即当汇率变动超过 58% 时为大的波动幅度，小于 58% 则为小的波动幅度。通过表 3-3、表 3-4、表 3-5 不难发现，实证结果具有相似性，都认为人民币变动波幅较大时对进口价格的传递效应大于波幅较小时的传递效应。本书采用三种不同的方法考察门限值，得到的回归系数大小有差别，但不影响实证结论。

表 3-4　汇率变动大小与传递效应的非对称性：平均值为门限值

变量	回归系数	标准差	t 值	Pr(>|t|)
Intercept	−0.009097	0.003130	−2.906	0.005481 **
L(ne)	0.590561	0.152698	3.868	0.000324 ***
S(ne)	−0.014277	0.185660	−0.077	0.939016
ppi	0.442253	0.139169	3.178	0.002570 **
w	0.447243	0.119529	3.742	0.000480 ***
gdp	−0.012605	0.008801	−1.432	0.158432

注：调整后 R^2 为 0.5518，F 统计值为 14.3，**、*** 分别表示显著性水平为 0.01、0.001。

表 3-5　汇率变动大小与传递效应的非对称性：门限模型获得门限值

变量	回归系数	标准差	t 值	Pr(>|t|)
Intercept	−0.008237	0.002459	−3.349	0.001566 **
L(ne)	0.602613	0.132943	4.533	3.76e−05 ***
S(ne)	0.006974	0.147011	0.047	0.962355
ppi	0.477456	0.135276	3.529	0.000916 ***
w	0.426976	0.114114	3.742	0.000480 ***
gdp	−0.011840	0.008563	−1.383	0.173027

注：调整后 R^2 为 0.5793，F 统计值为 15.87，**、*** 分别表示显著性水平为 0.01、0.001。

我们该如何对上述结论作出合理的解释呢？本书试图从菜单成本和贸易品计价货币两个方面来寻求答案。假定生产产品的菜单成本固定，当汇率变动超过某一固定临界值时，企业改变贸易品的计价才有利可图；否则，企业改变价格将得不偿失。如前文所述，如果贸易品价格以进口所在国货币计价，当汇率出现较小波幅时，企业改变价格的菜单成本相对较大，因此，企业保持价格不变为最佳选择，相应地，汇率变动的进口价格（以进口国货币表示）传递效应相对较小，或基本无传递效应。相反，当汇率波幅超过菜单成本这一临界值时，企业将顺应汇率变动，主动调整以进口国货币计价的产品价格，因而存在较大的汇率传递效应。以上两种情况下，外国企业均可以获得以自身所在国货币计价的最大化收益。考察到本书的进口价格指数以人民币标价，相应地，外国出口品均以人民币计价[①]，所以我们得到了大的汇率波幅较小的波幅存在更大汇率传递效应的结论。

四、结论及启示

本章探讨了汇率传递非对称的相关理论模型，考察了自 1995 年第一季度至 2008 年第四季度人民币汇率变动对进口价格的传递效应，并且通过建立实证模型，研究了人民币汇率传递的非对称性问题。本章的实证研究结论表明，在样本考察期间，人民币名义有效汇率变动对进口价格的传递是不充分的，且传递效应总体呈现动态下降趋势。本章对此从通货膨胀环境及进口产品结构变化两个层面做了解释。此外，

[①] 一般来说，我国进口贸易品主要以国际主导货币标价，本书在构建进口价格指数时，经过了汇率的转换，将贸易品价格以人民币计价，以直观反映人民币汇率变动对以人民币计价的进口价格的传递效应。正如前文所述，以往研究忽略了这一点，但这种转换是很有必要的。如果不将进口价格指数转换成人民币计量，那么人民币汇率变动影响的主要是以美元计量的进口价格指数。显然，这不能真实反映人民币汇率变动对进口价格的传递效应，实证结果将恰好相反。

本章的实证研究表明，人民币汇率变动对进口价格的传递存在非对称性：一方面，人民币贬值对进口价格存在较高的传递效应，而进口价格对人民币汇率升值不敏感；另一方面，就汇率波幅大小与传递效应大小而言，人民币汇率波幅越大，对进口价格的传递效应越大。针对以上结论，我们可以得到以下几点启示。

第一，人民币汇率波动对进口价格的传递效应呈现下降趋势，说明通过汇率调节中国经济失衡的作用相对有限，主要表现为两方面：一是人民币升值调节贸易收支失衡的作用有限，二是人民币升值通过影响进口物价稳定国内物价水平的作用有限。

实践证明，通过汇率调整来解决中国贸易收支失衡只是杯水车薪。自 2005 年 7 月中国进行汇改以来，人民币稳步升值，累计升值幅度接近 20%。在此期间，我国贸易顺差增长势头并没有得到明显的缓解，外汇储备余额于 2008 年底达 1.95 万亿美元，且在 2008 年上半年，我国经济体出现通货膨胀苗头。显然，通过人民币升值并不能达到有效调节贸易收支失衡、稳定国内物价水平的目的。相反，人民币升值预期的强化，引发了外来资本的大量涌入，在此过程中，升值与升值预期同在，人民币升值预期对国内物价产生的上升效应远大于理论上人民币升值可能产生的紧缩效应，而汇率传递效应总体呈现的下降趋势，则进一步削弱了升值对进口物价的传递效应，进而影响了升值稳定国内物价水平以及升值可能减少净出口、平衡贸易收支的作用。综上所述，通过人民币稳步升值抑制国内物价水平的作用非常有限；解决中国贸易收支失衡问题不能仅仅依靠汇率调节，我们应该更多地考虑各种经济政策的有效搭配，多管齐下。

第二，人民币贬值对进口价格的传递效应大于升值时的传递效应，一定程度上反映了中国进口贸易结构的不合理以及中国在国际进口市场话语权的缺失与不足。我国进口贸易品技术含量相对较高，进口需求价格弹性较小，外来出口企业在中国市场上具有较大的垄断权。当人民币贬值时，以人民币标价的进口产品价格上升，汇率传递效应较大。这是因为，外国出口企业产品在本国面临的进口需求价格弹性较小，以人民币标价的进口产品价格增加后，企业的销售量受到的影响很小。换句话说，外国出口产品在本国市场享有一定的垄断权，进口品价格的需求弹性很小，因而在出口企业不降低以自身所在国货币（如美国出口企业，以美元标价）标价的情况下，仍能维持原有市场份额，获得与人民币贬值前相近的利润水平。由于出口企业以自身所在国货币标的价没有降低，所以外国出口产品的人民币价格的变化较为充分地反映了人民币汇率的贬值，即汇率传递较为充分。当人民币升值时，总体而言，由于外来企业在我国产品销售市场上具有一定的垄断地位，且进口需求弹性较小，它们很可能提高以所在国家货币计量的出口产品价格来保持以人民币计量的产品价格不变，从而可以增加利润水平（以外来企业所在国家货币计量），此时人民币升值对以人民币计量的进口产品价格基本没有影响，即汇率传递很小甚至为零。

对此，本书认为，中国应加强对自主品牌产品的投入与研发，减少对高端产品进口的对外依存度，尽可能在国际市场上不受制于人。加强对自主品牌产品的投入与开发，加大对高新技术产业、高端产品的创新力度是一国减少包括汇率变动在内的各种外来冲击的重要防火墙，也是一国经济发展的源泉和动力。

第三，人民币汇率波幅越大，对进口价格的传递效应越大。这一结论为我国进一步推进汇改提供了极为重要的启示。不难理解，稳步推进人民币汇率形成机制改革需要一个稳定的宏观环境，特别是价格环境。一般而言，一国激进的汇率制度改革容易破坏宏观经济的相对均衡，特别容易引发实体经济和金融价格水平的剧烈波动。本书认为，人民币汇率波幅与传递效应存在正相关性，这表明以稳步、渐进方式推进人民币汇率形成机制改革是基本原则，一步到位的、激进式的汇率改革将引致进口价格的剧烈波动，进而破坏国内稳定的价格环境。

人民币汇率
传递效应研究

The Study on
RMB Exchange Rate
Pass-through Effect

| 微观篇 |

人民币汇率
传递效应研究

The Study on
RMB Exchange Rate
Pass-through Effect

第四章

人民币汇率传递、行业进口价格
与通货膨胀

一、引言

汇率传递理论研究最早可追溯至 Krugman（1987）以及 Dornbusch（1987），他们提出了依市定价理论。依市定价主要是指汇率变动引致的出口企业在不同市场上加成份额的调整，比如，当一国货币大幅升值时，该国出口企业为避免以目的国货币计量的产品价格过度波动而损失在目的国市场上原有的市场份额，将通过调整产品的成本加成率，自身吸收汇率变动对产品价格的部分或全部影响，从而可以保持产品原有价格基本不变或变化幅度很小（价格的变化幅度小于汇率的变化幅度），出口企业的这一做法往往导致汇率传递不充分（价格的变化幅度小于汇率的波动幅度）。该理论为后续有关汇率传递不完全问题的研究奠定了坚实的微观理论基础。之后，有关汇率传递的研究成果层出不穷，研究视角也逐步从微观转向宏观，研究内容从局限于考察汇率传递系数大小发展到研究影响汇率传递效应的宏微观影响因素（可参见 Taylor，2000；Campa 和 Goldberg，2002；Khundrakpam，2007；Ghosh 和 Rajan，2008）以及汇率传递与通货膨胀政策的关系（Mishkin，2008；Junttila 和 Korhonen，2012）。

近年来，国内学者对汇率传递问题的研究也表现出极大的兴趣，特别是自 2005 年 7 月汇改以来，涌现出大量研究成果。与国外研究有所不同的是，大约在 2012 年以前，国内对汇率传递问题的研究大量集中于宏观层面，基于时间序列，侧重考察人民币汇率变动对各类物价水平传递效应的大小（王晋斌和李南，2009；施建淮等，2008；吕剑，2007；毕玉江和朱钟棣，2006）。相比之下，从细分行业层面研究汇率传递问题的成果较少[①]。

总体而言，2012 年以前，国内对人民币汇率传递问题的研究具有以下特点：一是研究内容主要集中于对人民币汇率的传递效应大小的考察，没有就影响人民币汇率传递效应大小的因素以及人民币汇率传递的宏观、微观经济影响展开全面、系统的研究。二是研究范围主要集中于人民币汇率的出口价格传递，对进口价格传递的研究不够深入和具体。三是研究视角主要集中于国家宏观整体层面，特别注重采用时间序列数据来分析问题，缺乏对不同行业汇率传递（特别是进口汇

---

① 主要集中于陈学彬等人（2007）和胡冬梅等人（2010）的研究。

率传递）效应可能存在异质性的全面考察。

鉴于人民币汇率传递问题的研究现状以及本书的研究目的，我们试图从不同行业数据出发，采用面板数据两阶段工具变量法和滚动回归计量方法，整体考察人民币汇率的进口价格传递效应大小及变动趋势，并比较分析2005年7月汇改前后人民币汇率传递效应存在的差异。同时，本章分行业考察不同行业进口价格传递效应可能存在的异质性。此外，本章还将在上述研究的基础上，探讨人民币汇率传递与通货膨胀的关系，并分析影响中国通货膨胀的主要因素。本章研究的重要意义在于，在一定程度上弥补了单纯基于宏观总量数据研究汇率传递效应存在的不足，有利于我们区分不同行业汇率传递效应的异质性，明晰汇率传递对不同行业进口价格进而对进口贸易的影响，有利于更好地理顺汇率传递与我国通货膨胀的关系。可以说，本章的研究能为当局制定合理的贸易政策、差异化的产业政策以及稳妥的货币政策提供一定的理论指导和实证支持。

下文结构如下：第二部分为模型设定、变量选取及数据处理，将海关统计中97章所有代表性产品进行集结和分类，归并为13大行业，构建了行业进口价格指数和行业汇率指数；第三部分为实证分析；第四部分是结论以及重要的政策启示。

二、模型设计、变量选取与数据处理

（一）计量模型构建

本章的计量模型建立在基于厂商利润最大化假定得到的汇率传递理论模型基础之上。此外，考虑到进口价格可能存在滞后性，我们在控制变量中增加价格的滞后一期，遵循 Pollard 和 Coughlin（2004）的理论模型，借鉴他们的建模方法，建立如下计量模型：

$$\Delta P_t^j = \alpha + \Delta P_{t-1}^j + \sum_{i=0}^{n} a_i^j \Delta ER_{t-i} + \sum_{i=0}^{n} b_i^j \Delta W_{t-i} + \sum_{i=0}^{n} c_i^j \Delta gdp_{t-i} + \sum_{i=0}^{n} d_i^j \Delta ppi_{t-i} + \varepsilon_t^j$$

$$（4-1）$$

需要指出的是，本章的计量模型与 Pollard 和 Coughlin（2004）以及国内绝大多数文献成果有所不同，本章除考察不同行业的汇率传递效应大小之外，还将分析各行业汇率传递可能存在的时滞效应[①]。

上述计量模型中的变量及参数上标 j 表示特定的行业（产品）。汇率传递系数为 a_i^j；ΔP 表示分行业的进口价格指数；ΔER 表示行业汇率；ΔW 表示进口产品的边际成本；Δgdp 表示国民收入，用月度工业增加值替代；Δppi 表示进口产品的国内替代品价格，用中国分行业 PPI 来表示。此外，从理论上讲，a_i^j 符号为负，汇率升值导致一国进口价格下降；b_i^j 符号为正，进口产品的边际成本越高，进口价格就越高，反之则相反；d_i^j 符号为正，一国进口替代品价格越高，则进口产品的价格越高；c_i^j 符号不确定，一国国民收入与进口价格并不存在某种必然的确定性关系，国民收入增加，进口价格既可能增加，也可能减少。Pollard 和 Coughlin（2004）对此也有详细阐述，与他们的已有成果相比，本章考察了各变量对进口价格可能存在的时滞效应，以使模型设计更为合理有效。

（二）变量选取与数据来源

虽然本章涉及的变量不多，但各变量的数据处理工作较为烦琐。

---

① 从目前已有文献来看，大部分文献均采用时间序列来研究传递的整体效应，目前采用面板数据模型来研究汇率传递效应的文献很少，仅陈学彬等（2007）采用面板数据模型研究了汇率传递与行业出口价格的关系。

与以往国内大部分研究有所不同的是，本章中各行业汇率不再统一采取国际货币基金组织或国际清算银行公布的人民币名义有效汇率，而是根据各行业所涉产品进口来源国的不同，编制各行业的汇率指数。变量及数据来源、处理说明如表 4-1 所示，以下变量数据均为月度数据，样本跨度为 1996 年 10 月至 2011 年 10 月。

表 4-1　变量及数据来源、处理说明

变量	变量含义	处理说明及数据来源
ΔP	以人民币标价的行业进口价格指数	本章根据国民经济行业分类标准，对海关行业标准(21 类 HS 产品)重新划分和集结①，并考虑数据的可得性，共得到 13 个行业②(基本涵盖了海关统计 97 章中所有代表性产品)的进口价格指数。由于我国没有公开的行业进口价格指数，本章通过各行业主要进口产品的数量和金额(来源于海关统计月报公布的主要进口产品量值数据)，借鉴陈学彬等(2007)的做法，计算得出单位进口价格，并对其进行加权处理，得到各行业的进口价格指数(以人民币标价)。所有行业价格指数均以 1995 年 1 月为定期 100。数据来源于样本期内海关统计月报
ΔER	各行业名义汇率	根据各行业进口产品前几大(视进口国家或地区集中度而定，4～6 个国家不等，平均进口额占该类产品总进口额的七成以上)贸易国家或地区的货币与美元的汇率，换算得到人民币与这些国家或地区货币的汇率，并经过加权处理得到各行业名义有效汇率。需要说明的是，对于煤炭开采业和石油开采业，由于伊朗和沙特阿拉伯两个国家没有公开的汇率数据，本章没有编制行业汇率，而是以国际清算银行公布的人民币名义有效汇率作为替代变量。数据来源于 BvD 各国宏观经济数据库、中经网统计数据库以及国际清算银行
ΔW	进口产品(行业)边际成本	对中国各主要贸易国家或地区(同上)的行业 PPI 进行加权处理得到中国各行业的进口边际成本。权重以这些国家或地区各自与中国的贸易额占比来表示。各国或地区行业 PPI 数据来自官方统计局，其中美国行业 PPI 数据来自美国劳工部。各国与中国贸易额数据来自中经网统计数据库

续表

变量	变量含义	处理说明及数据来源
Δgdp	国民生产总值	由于我国没有公开的月度 GDP，按照通常的做法，以月度工业增加值作为 GDP 的替代变量。数据来源于中经网统计数据库
Δppi	国内替代品价格	对中国分行业的 PPI 数据进行处理得到国内替代品价格指数，原始数据来自中经网统计数据库

注：①国民经济行业分类标准与海关分类标准存在差别，本书在行业分类过程中，借鉴了盛斌的部分做法。盛斌.中国对外贸易政策的政治经济分析［M］.上海：上海人民出版社，2002：480-496.

②分别是纺织、塑料、化学、造纸、石油、煤炭、有色金属、黑色金属、食品、通用及专用设备、电器、电子信息以及交通运输。

三、实证分析

从近几年的国内研究成果来看，绝大多数文献采用时间序列进行实证分析，忽视了对不同行业汇率传递效应大小和传递速度的考察。与现有文献相比，面板数据模型能分析不同行业传递效应存在的异质性，因此本章采用面板数据模型进行实证研究。

在实证分析之前，我们需要对面板数据的平稳性进行检验。从稳健性角度考虑，本章进行滞后两阶的单位根检验，采用 Xtfishier、LLC、IPS 三种方法的检验结果如表 4-2 所示。不难看出，所有变量在 1% 的水平上显著，说明本章选取的变量是平稳的。

表 4-2　面板数据单位根检验结果

变量	Xtfishier	LLC	IPS
ΔP	1761.365*** (0.000)	−34.1074*** (0.000)	−39.2737*** (0.000)
ΔER	2994.733*** (0.000)	−56.3714*** (0.000)	−54.8871*** (0.000)
ΔW	1136.498*** (0.000)	−21.6691*** (0.000)	−30.2968*** (0.000)
Δgdp	126.2036*** (0.000)	26.1028*** (0.000)	−4.7867*** (0.000)
Δppi	477.3685*** (0.000)	−13.1261*** (0.000)	−15.7753*** (0.000)

注：括号中报告的是 P 值，*** 表示显著性水平为 0.01。

　　由于数据的可得性，本章所涉及的 13 个行业样本的时间跨度存在差异，因此采用非平衡面板数据模型进行分析。对于面板数据的处理，主要有固定效应模型和随机效应模型，前者主要通过差分或者中心化处理，剔除无法观察到的个体效应；而后者保留个体效应，通过 GLS 估计参数。考虑到式（4-7）中无法观察到的行业个体效应可能会影响行业的价格变动，从而导致缺失变量产生的内生性问题，本章采用固定效应模型进行分析，经 White 稳健性标准误修正后的 t 值和固定效应模型回归结果见表 4-3 Panel A。根据式（4-7）可以明显看出，进口价格滞后一期是由汇率、产出等变量决定的，因此不可避免地将产生严重的内生性问题，本章借鉴陈学彬等（2007）的做法，将滞后 3 期以上的变量作为价格滞后 1 期的工具变量，工具变量的选取可能会导致识别不足、弱工具变量和过度识别等问题。对此，本章建立两阶段的面板数据工具变量回归，并根据 Kleibergen-Paap 检验、Hansen-J 检验来识别工具变量的有效性问题，回归结果和经 White 稳健性标准误修正后的 t 值见表 4-3 Panel B。

表 4-3　固定效应模型回归结果

变量	Panel A	固定效应	Panel B		内生性分析	
	整体		整体		汇改前后	
	估计值	t 值	估计值	t 值	估计值	t 值
ΔP_{t-1}	-0.239^{***}	(-11.87)	-1.129^{***}	(-13.01)	-1.198^{***}	(-12.80)
ΔER_t	0.063	(1.19)	0.132	(1.54)	0.0319	(0.17)
ΔER_{t-1}	-0.095^*	(-1.67)	-0.146^*	(-1.81)	-0.493^{**}	(-2.53)
ΔER_{t-2}	-0.00875	(-0.14)	-0.0569	(-0.63)	0.202	(0.86)
ΔW_t	0.128	(1.1)	0.394^{**}	(2.34)	0.428^{**}	(2.42)
ΔW_{t-1}	0.581^{***}	(4.66)	0.766^{***}	(4.03)	0.815^{***}	(4.07)

续表

变量	Panel A	固定效应	Panel B		内生性分析	
	整体		整体		汇改前后	
	估计值	t 值	估计值	t 值	估计值	t 值
ΔW_{t-2}	0.378**	（3.3）	1.589***	（7.48）	1.655***	（7.37）
Δgdp_t	0.0437	（0.84）	0.457	（1.12）	0.521	（1.21）
Δgdp_{t-1}	−0.106*	（−2.03）	−0.0766	（−0.16）	0.551	（1.19）
Δgdp_{t-2}	0.0807	（1.77）	−0.131	（−0.27）	0.514	（1.11）
Δppi_t	0.061	（0.52）	0.509***	（2.84）	0.534***	（2.86）
Δppi_{t-1}	0.425***	（3.46）	0.594***	（3.21）	0.676***	（3.48）
Δppi_{t-2}	0.289*	（2.46）	0.605***	（3.09）	0.851***	（4.40）
Dumy$\times\Delta ER_t$					0.160	（0.75）
Dumy$\times\Delta ER_{t-1}$					0.398*	（1.86）
Dumy$\times\Delta ER_{t-2}$					−0.259	（−1.02）
N	1428		1428		1428	
K-P LM			29.886	（0.0001）	26.652	（0.0004）
K-P Wald			8.060	（<0.05）	7.866	（<0.05）
Hansen-J			10.207	（0.1162）	10.285	（0.1132）

注：（1）*、**、*** 分别表示显著性水平为 0.1、0.05 和 0.01，括号中报告的是经 White 稳健性标准误修正后的 t 值；（2）K-P LM 统计量检验模型是否存在识别不足（under-identification），服从 χ^2（3）分布，如果 K-P LM 统计量显著，则拒绝原假设，表明工具变量与内生变量相关；（3）K-P Wald 统计是弱工具变量（weak-identification）检验，服从 F 分布，如果 Wald 检验不拒绝原假设，则表明不存在弱工具变量问题，工具变量与内生变量之间具有较强的相关性；（4）Hansen-J 检验是对工具变量的过度识别（over-identification）进行检验，服从 χ^2（2）分布，如果没有拒绝原假设，则表明没有过度识别的问题，模型工具变量与残差不相关。

（一）整体考察：人民币汇率传递整体效应及动态变化趋势

1. 人民币汇率传递整体效应：1996 年 10 月至 2011 年 10 月

表 4-3 Panel A 结果表明，在样本考察期间，滞后 1 期的人民币汇

率与进口价格存在显著的负向关系，平均来说，人民币每升值 1 个百分点，进口价格当期不受汇率变动的影响，滞后 1 期降低 0.1 个百分点。Panel B 中，LM 检验结果显示，在 1% 的水平上拒绝原假设，说明工具变量与内生性变量显著相关，Wald 检验结果并未拒绝原假设，表明工具变量不存在弱工具变量问题，Hansen-J 检验在统计上并不显著，也说明过度识别的问题不存在。综上所述，本章选取的工具变量是合理的。不难看出，汇率传递系数滞后 1 期为 −0.146，且在统计上显著，可见我国的汇率传递效应并不是迅速和完全的，这一结论与 Frankel 等（2005）一致。Frankel 等（2005）的研究表明，工业化程度较高的高收入国家，其汇率变动对进口物价水平的影响往往是滞后的，且传递也是不完全的，并且普遍存在汇率传递下降的特征。很长一段时间，滞后且不完全的汇率传递似乎是发达国家特有的现象，然而，他们的研究显示，自 20 世纪 90 年代以来，许多发展中国家，包括不少发展中小国家，同样存在汇率传递滞后且不断下降的特征。针对中国整体滞后且不完全的汇率传递这一事实，我们应该作出怎样的解释呢？从理论上讲，进口产品计价货币的选择将影响汇率传递效应，如采用目的国货币定价，则汇率传递效应往往较小；反之，如采用生产者货币定价，则汇率传递效应往往越大。由于本书进口价格均采用目的国货币定价，得到整体汇率传递效应较小的结论，与理论解释基本一致。从实践而言，本书认为可能存在以下几个方面的原因。

第一，从汇率波动幅度与汇率传递效应大小的关系来看，如果进口价格以产品目的国货币标价，汇率变动幅度越小，则汇率传递效应越小（Pollard 和 Coughlin，2004；倪克勤和曹伟，2009）。通过考察 13 大行业的汇率变化特征，我们发现，整体而言，各行业汇率变化幅度相对较小（篇幅所限，本书未列出其变化趋势图）。不难理解，汇率波动是影响贸易企业定价的一个重要因素，但只有当汇率波动对企业定价的影响超过菜单成本时，企业调整定价才是有利可图的；否则，企业将得不偿失。具体而言，当汇率波动幅度小于菜单成本时，虽然国外出口企业获得的以自身货币计价的利润可能会下降，但保持以人民币计价的出口价格稳定乃最佳策略，汇率变化对进口价格基本没有影响，即传递效应较小。

第二，从贸易成本与汇率传递效应的关系来看，贸易成本的增加降低了进口产品的汇率传递效应。进口产品从原产国进入进口国需要经过运输、包装、仓储等环节，这些环节所产生的成本，即所谓的贸易成本。贸易成本占进口贸易产品最终价格的比重越大，汇率传递效应越低。[①] 可以预见的是，随着中国经济的不断发展、经济结构的转型升级以及人们生活质量的提高，外国出口产品在中国的配送成本占比很可能逐步提高，这必然降低人民币汇率的进口传递效应。

第三，从贸易方式和企业性质来看，据中经网统计数据测算，1996—2011 年，平均来说，加工进口贸易额在进口总额中的占比超过50%，且外商投资企业进口额在进口总额中的占比超过 50%，中国进口贸易呈现外商投资企业主导的加工进口贸易特征。事实上，外商投资企业的加工贸易具有典型的跨国公司内部贸易的特征，这必然降低整体进口产品的汇率传递效应。

第四，从我国的进口产品结构来看，据中经网统计数据库计算，

---

① Berger 等（2009）的研究表明，贸易成本与进口到岸价格之比达 50% ~ 70%，很大程度上导致了美国长期偏低的汇率传递效应。

原油、铁矿石等大宗产品类的初级产品与工业制成品两者进口额之比，从 1997 年的 22.44% 上升至 2011 年的 53.06%，这一比例越高，整体汇率传递效应就越小。对于大多数初级产品，中国在国际市场上并没有实质性的定价权，外国企业往往可以在中国市场上采取垄断定价策略，当人民币升值时，外国企业有能力调整成本加成，维持产品的人民币价格不变，从而可以获取更多的以自身所在国货币计价的利润。下文分行业考察汇率传递效应的实证结果佐证了本书的观点。

第五，中国汇率传递效应存在明显的滞后特征，这可能与近年来贸易企业逐步重视汇率套期保值交易工具有关。

2. 人民币汇率传递效应：汇改前后的比较

通过以上实证研究，我们得到了人民币汇率的进口价格传递效应整体偏低的结论，并尝试从多个方面对这一结论做了理论和实践方面的解释。我们知道，2005 年 7 月的汇改，为整个人民币汇率形成机制改革增添了浓墨重彩的一笔，作为中国经济领域的一件大事，汇改对中国经济产生了多方面的影响。那么，2005 年 7 月之后，人民币汇率的进口传递发生了怎样的变化呢？对此，本书仍采用两阶段面板数据工具变量方法进行实证分析，结果见表 4-3 中 Panel B 后两列，其中 Dumy=1 表示 2005 年 7 月之后。实证结果表明，汇改之后的传递效应有所增强。对此，我们认为，这与人民币汇率波幅增大有关，通过再次考察 13 大行业汇改之后人民币汇率的波动幅度，我们发现汇改后的汇率波动幅度的确有所增大①，因而汇率传递效应增大，但整体而言还是偏小。

---

① 结论与 Devereux 和 Yetman（2002）的理论研究一致。他们认为，如果汇率变动是永久性的，而非暂时性的，则汇率波动幅度越大，传递效应越强。

长期以来，发展中国家普遍存在"恐惧浮动"（fear of floating）的现象，即使是已经实施了通货膨胀目标制的国家也是如此，其中一个重要原因在于，发展中国家的汇率传递效应往往较大，汇率的大幅波动通过进口价格的传递，对一国宏观经济产生很大的波动效应。然而，当汇率传递效应很弱时，汇率的波动无须"恐惧"。本书的实证结果表明，汇改后的汇率传递效应整体还是偏小，从这个意义上讲，本书的结论为中国稳步推进人民币汇率形成机制改革提供了实证支持，今后中国货币当局在推进人民币汇率形成机制改革时，无须过于关注汇率变动对进口物价进而对通货膨胀可能造成的影响，同时，汇率传递效应整体偏低的结论告诉我们，通过汇率波动影响进口价格进而调节贸易收支的影响很可能也是极为有限的。

3. 人民币汇率传递效应变动趋势：滚动回归分析

上文分析了人民币汇率整体传递效应，考察了 2005 年 7 月汇改对汇率的进口传递效应的影响，并对实证结果做了合理解释。尽管如此，上文的实证分析仍存在不足之处，即没有反映我国汇率传递效应的变动趋势。在不同的时期（例如，2005 年 7 月汇改前和汇改后），人民币汇率传递效应存在怎样的变化？这些变化背后的经济原因是什么？这些问题有待我们进一步考察。对此，本书运用滚动回归计量方法进行分析。汇率传递系数如图 4-1 所示。

需要说明的是，本书首先需要对 13 个行业进行整合，得到各变量的时间序列。具体而言，依照表 4-1 的数据处理方法得到整体进口价格指数，运用中国主要贸易国家和地区的月度 PPI 数据进行加权处理（权重为单个国家和地区对中国的出口额占所有国家和地区出口总额的比重）得到整体进口边际成本，汇率以 BIS 公布的通过加权平均得到的名义有效汇率作为整体汇率指数的替代变量，进口产品的替代品价格以中国的 PPI 来表示。从图 4-1 可以看出，整体而言，人民币汇率变动对进口价格的传递效应（取绝对值）呈现下降趋势。需要特别指出的是，尽管前文的实证分析表明，平均来看，汇改之后的汇率传递效较汇改之前有所增强，但滚动回归分析表明，汇改之后的动态传递系数同样呈现不断下降的趋势。

图 4-1　人民币汇率传递效应变动趋势

　　此外，从图 4-1 可以看出，2005 年 7 月汇改之前，汇率传递系数一直为负，即人民币升值有利于降低进口价格水平，然而，自 2005 年 7 月汇改至美国次贷危机爆发（2008 年 7 月），人民币汇率传递出现了逆传递现象，可以说，人民币升值不但不能降低进口价格水平，反而推升了进口价格，之后，即次贷危机爆发后的几年，人民币汇率传递效应再次转负。那么，我们应该对有悖经济学理论的逆传递现象作出怎样的解释呢？对此，我们认为，这是人民币升值以及升值预期共同作用的结果。具体而言，第一，2005 年 7 月汇改之后，人民币步入升值通道，特别是 2007 年至次贷危机前夕，升值步伐明显加快，在此期间，"热钱"通过地下渠道、贸易渠道等途径大举进入我国[1]，通过外汇占款推升国内进口替代品的价格和总体物价水平，最后倒逼进口物价水平上涨。第二，在此期间，人民币对主要国际货币特别是美元大幅升值，美元相应地贬值，国际大宗产品的价格水涨船高。不仅如此，美元贬值促使各国增加了对原油、铜、铁等战略物资的储备，以规避汇率风险，这必然进一步推高大宗产品的价格，我国整体进口物价水平也因此大幅提高。

（二）分行业考察：传递效应大小及比较分析

上文考察了人民币汇率变动对进口价格的整体传递效应以及汇率传递的变动趋势，并分析了中国汇率传递效应整体偏低的原因，同时对中国所呈现的特殊的汇率传递效应动态趋势的原因进行了初步探讨。然而，以上研究的不足之处也是显而易见的。由于不同行业进口产品需求弹性的差异性、出口国企业定价策略的差别性等原因，不同行业的汇率传递必然呈现异质性，因此，我们有必要对不同行业的汇率传递效应单独考察并分析其中可能存在的原因。

鉴于模型可能出现的内生性问题，本书采用 GMM 两阶段工具变量法进行分行业回归，选取价格指数滞后 2 ~ 4 阶的变量作为 ΔP_{t-1} 的工具变量，工具变量选取的合理性由 LM 检验、Wald 检验和 Hansen-J 检验决定。此外，考虑到时间的变化对汇率传递系数的影响，表4-4、表4-5、表4-6 的回归结果控制了时间维度，回归系数采用 White 调整后的稳健性的标准误。

---

[1] 连平（2008）的研究表明，汇改之后至次贷危机之前这段时间，影响"热钱"进入中国的主要因素是汇率、利率及资产价格，但汇率的影响最为重要。

表 4-4　分行业 GMM 两阶段回归结果 1

解释变量	滞后期	纺织行业	塑料行业	化学行业	造纸行业
ΔER_{t-i}	0	-0.184*(-1.66)	-0.356***(-4.75)	-0.152(-1.59)	0.884(1.36)
	1	-0.0768(-0.60)	0.0182(0.12)	-0.167(-1.49)	-1.816*(-1.82)
	2	0.0927(0.48)	0.0484(0.55)	-0.141*(-1.85)	-0.324(-0.53)
	3	—	-0.0517(-1.05)	-0.0659(-0.98)	-0.493(-1.03)
ΔW_{t-i}	0	0.0651(0.08)	0.0393(0.09)	0.464**(2.05)	2.044(1.27)
	1	-0.539(-0.62)	1.601***(4.05)	0.980***(4.33)	2.960(1.16)
	2	1.802**(2.11)	0.360(0.53)	0.531*(1.78)	-1.976(-1.17)
	3	—	-0.158(-0.34)	0.0623(0.28)	0.585(0.27)
Δppi_{t-i}	0	2.617***(4.15)	-0.217(-1.28)	-0.563**(-2.46)	0.0893(0.12)
	1	-0.217(-0.43)	-0.0823(-0.48)	-0.296(-1.47)	-0.555(-0.90)
	2	-1.849***(-4.1)	-0.0849(-0.49)	-0.111(-0.67)	-0.995*(-1.78)
	3	—	0.399**(2.28)	0.301***(2.77)	-0.549(-1.26)
Δgdp_{t-i}	0	0.302(0.88)	-0.477(-1.37)	0.132(0.63)	-1.381(-1.14)
	1	0.140(0.26)	-0.0197(-0.05)	0.0924(0.61)	-1.382(-0.96)
	2	0.219(0.49)	-0.204(-0.65)	-0.287*(-1.76)	-1.556(-1.03)
	3	—	0.0340(0.09)	0.186(0.92)	-2.708(-1.52)
N		73	88	88	88
K-P LM test		8.73*(0.0682)	11.09**(0.0497)	10.06**(0.0395)	11.79**(0.0378)
K-P Wald test		2.384	2.615	4.032	5.316
Hansen-J test		3.562(0.3128)	8.611(0.0716)	4.312(0.2297)	4.636(0.3267)

注：（1）括号中报告 White 稳健性的 t 值；（2）*、**、*** 分别表示显著性水平为 0.1、0.05、0.01；（3）K-P LM、K-P Wald 和 Hansen-J 检验的注释与表 4-3 注相同；（4）由于交通运输行业进口价格与各变量之间均无显著关系，结果未列出。下表同。

表 4–5　分行业 GMM 两阶段回归结果 2

解释变量	滞后期	石油行业	煤炭行业	有色金属行业	黑色金属行业
ΔER_{t-i}	0	0.176（0.80）	−2.992**（−2.55）	0.112（0.91）	0.0138（0.42）
	1	−0.108（−0.44）	2.767**（2.20）	−0.0769（−0.88）	0.0436（1.18）
	2	−0.439（−1.47）	−1.061（−0.74）	0.00128（0.01）	−0.0529（−1.35）
	3	−0.0528（−0.20）	−1.307（−0.71）	−0.0410（−0.60）	—
ΔW_{t-i}	0	0.0726**（2.06）	−0.321（−1.17）	0.0106（0.03）	0.0760（0.49）
	1	0.549***（13.74）	−0.0739（−0.29）	0.0348（0.11）	0.304（1.50）
	2	0.194***（2.63）	0.860***（3.44）	0.743***（2.97）	0.419**（2.17）
	3	0.0584（1.10）	−0.372（−1.41）	0.703***（3.23）	—
Δppi_{t-i}	0	−0.124（−1.16）	−1.078（−1.36）	0.871***（4.18）	−0.0555（−0.24）
	1	0.0702（0.56）	−0.233（−0.37）	0.226（1.45）	−0.231（−1.12）
	2	0.0424（0.34）	−0.303（−0.45）	−0.0818（−0.58）	0.344*（1.80）
	3	−0.0216（−0.22）	0.181（0.45）	−0.356**（−2.44）	—
Δgdp_{t-i}	0	0.00888（0.23）	0.355（0.45）	0.294（1.16）	0.513*（1.65）
	1	0.0441（1.27）	−0.120（−0.12）	0.206（0.66）	1.277***（4.03）
	2	−0.0263（−1.06）	3.316***（2.65）	−0.423（−1.16）	1.366***（6.41）
	3	−0.0217（−1.61）	−1.882**（−2.11）	−0.424（−1.64）	—
N		103	88	88	88
K P LM test		9.511**（0.0495）	9.191**（0.0269）	10.976*（0.0519）	18.215**（0.0197）
K P Wald test		6.503	3.274	2.320	2.056
Hansen-J test		0.546（0.9088）	2.836（0.2422）	6.209（0.1841）	9.074（0.2474）

表 4–6　分行业 GMM 两阶段回归结果 3

解释变量	滞后期	食品行业	通用及专用设备行业	电器行业	电子信息行业
ΔER_{t-i}	0	−0.792*（−1.68）	0.190（1.04）	−0.977（−1.49）	−0.573（−0.99）
	1	0.130（0.21）	0.262*（1.77）	−0.435（−0.64）	−0.521（−0.85）
	2	0.252（0.85）	−0.141（−1.36）	0.969*（1.83）	0.173（0.31）
	3	—	−0.0406（−0.46）	0.0854（0.22）	−0.804（−1.50）

续表

解释变量	滞后期	食品行业	通用及专用设备行业	电器行业	电子信息行业
ΔW_{t-i}	0	−1.481（−0.40）	−4.702***（−4.27）	−0.731（−0.26）	0.0228（0.01）
	1	3.854（1.11）	−2.039**（−2.14）	−3.313（−1.11）	−1.216（−0.69）
	2	4.615（1.35）	−0.725（−1.21）	0.0138（0.00）	0.736（0.35）
	3	—	0.527（0.83）	−5.744*（−1.92）	−3.033**（−2.09）
Δppi_{t-i}	0	1.515*（1.68）	−0.382（−1.55）	−0.188（−0.12）	−1.035（−0.92）
	1	1.029（1.30）	−0.0634（−0.01）	−0.368（−0.30）	−0.258（−0.25）
	2	−0.631（−0.91）	0.160（0.87）	−0.599（−0.51）	0.00406（0.00）
	3	—	0.441***（2.60）	0.989（0.70）	0.404（0.64）
Δgdp_{t-i}	0	−1.514（−0.42）	2.243***（4.01）	0.328（0.21）	−1.812（−1.55）
	1	−10.52**（−2.41）	0.0862（0.13）	−1.467（−0.91）	1.173（1.03）
	2	−2.889（−0.78）	−1.005**（−2.38）	1.154（0.79）	0.280（0.19）
	3	—	−0.325（−1.02）	0.00918（0.01）	3.525（1.49）
N		54	74	88	88
K P LM test		26.9***（0.0007）	15.47**（0.0304）	11.69**（0.0394）	12.33**（0.0306）
K P Wald test		18.963	3.704	12.507	2.150
Hansen-J test		6.992（0.4297）	8.897（0.1795）	3.446（0.4861）	2.657（0.6168）

实证结果表明：

第一，无论是在当期还是滞后期，纺织、塑料、化学等劳动密集型和简单技术产品对汇率变化均不敏感，即汇率传递系数相对较小，这似乎与我们的直观感知不一致。尽管我国生产以上类别的产品具有较强的比较优势，但我国在全球产业链中并未占据技术制高点和建立自身明显的品牌优势，因而以上类别的进口产品在我国国内市场上并无太多的替代品。面对人民币升值，外来出口企业可能无视汇率变动，通过调整成本加成，使以人民币标价的进口价格保持不变或小幅变化，出口企业因此可以获得更多的本币收益。

第二，石油、黑色金属、有色金属等矿产类产品的汇率传递效应非常小，且没有通过显著性检验。众所周知，中国乃资源、能源消费大国，但在国际市场上并无实质性的定价权。从理论上讲，在完全竞争市场上，面对进口国货币升值，外国出口企业很可能保持以自身所在国货币计价的出口产品价格不变，对应地，以进口国货币计价的进口价格下降，即汇率升值对进口价格表现为完全的传递效应。然而，当一国进口依赖程度高且不具备较强的议价能力时，通过升值降低进口价格从而扩大进口规模的能力将受到很大的压制。在这种情况下，外国出口企业将会增加成本加成以保持出口价格（以进口国货币计价）基本不变，因而货币升值对进口价格的传递效应很小，外国出口企业可以获得较高的边际利润。

第三，通用、专用设备以及高端电器行业的汇率传递效应为正，即存在逆传递效应，而电子信息类产品的进口价格对汇率变动基本不敏感。对此，本书认为，这与发达国家企业在华采取目的国货币定价策略有关。近年来，随着我国产业升级的加快以及企业生产技术的进步，我国复杂技术类产品的国际竞争力明显提高[①]，尽管如此，在这些行业的高端领域，普遍存在很强的对外依赖性，特别是电器行业，汇率升值进口价格不但未降低，反而大幅升高，外国出口企业因此可以获得超额利润，汇率变动对进口产品存在逆传递效应，恰恰说明了我国在该行业没有占领技术制高点，没有掌握定价权，外国企业在定价时可以随意改变成本加成以获得更多的以自身货币计价的超额利润。

第四，煤炭行业、造纸行业和食品行业，进口汇率传递效应较大。

---

① 可参见胡冬梅等（2010）的研究。

同属于资源类产品，为什么煤炭行业与上述石油、有色金属以及黑色金属类相比，其进口价格对汇率变动如此敏感呢？事实上，我国煤炭资源丰富，我国进口煤炭不是由于国内供给不足，更多地是因为国际煤炭价格较低而对中国企业具有较强的吸引力，而铁矿石等黑色金属之所以会受制于人，原因在于我国这类资源比较分散，开采成本高，本身的品质也不高，在国际市场上基本无定价权。此外，造纸行业和食品行业类的传递效应也比较大，这是因为，外国出口企业所生产的这类产品在我国面临的市场竞争明显加大，进口替代程度相对较高，加之我国进口这类产品的国别来源相对多元化，为了获得一定的市场份额，外国企业在定价时很可能保持成本加成不变，因而汇率变动对以人民币标价的进口价格传递效应较大，或者说人民币升值较大地降低了进口价格水平。

（三）进一步分析：汇率传递效应与通货膨胀的关系

上文分析了中国进口价格整体的传递效应，同时考察了分行业的进口价格传递效应，并探讨了各行业汇率传递效应大小程度不同可能存在的原因。至此，本章的研究并未结束。汇率变动通过影响进口价格（前文所研究的汇率传递），进而影响国内通货膨胀的大小程度如何？这一问题值得研究。从国内已有文献来看，大多将汇率作为解释变量，来分析汇率变动对国内通货膨胀（一般用 CPI 来衡量）的影响，这种做法的优点是直观明了，但也存在明显的不足——忽略了汇率变动影响国内通货膨胀的传导机制和动态趋势。

为弥补目前研究的不足，本章试图通过分析汇率传递效应来考察汇率与通货膨胀的动态关系。前文的研究通过滚动回归分析方法得到了汇率传递效应时间序列，本章用变量 $erpt_t$ 表示，并将此作为影响国内通货膨胀（用 cpi 表示）的解释变量之一。汇率变动对通货膨胀的影响，其传导机制大致可描述为，"汇率变动—进口价格变动—国内物价变动"，而"汇率变动—进口价格变动"这一环节可用 $erpt_t$ 来描述；同时，遵循国内已有文献（伍戈，2011；赵留彦，2006 等）的一般做法，将货币供给量 $m2_t$、产出缺口 gap_t 作为另外两个解释变量，全面分析影响中国通货膨胀的主要因素，并重点考察汇率对通货膨胀的影响大小。其中，$m2_t$ 来自中经网统计数据库，产出缺口 gap_t 通过滤波分析法得到，具体而言，由实际产出和潜在产出两者之差得到产出缺口，其中，潜在产出通过对实际产出进行 HP 滤波分析得到。[1]

不难发现，如果 1 个单位的 $erpt$ 对 cpi 的平均影响为 b，汇率变动通过进口价格对国内通货膨胀产生的动态影响为时间序列 $b \times erpt_t$ 大小。综上所述，本章可建立如下计量方程：

$$\Delta cpi_t = \alpha + \sum_{i=1}^{n} a \Delta cpi_{t-i} + \sum_{i=1}^{n} b \Delta erpt_{t-i} + \sum_{i=1}^{n} c \Delta m2_{t-i} + \sum_{i=1}^{n} d \Delta gap_{t-i} + \varepsilon_t$$

（4-2）

对以上各变量取对数并差分，实证结果如表 4-7 所示，各变量滞后 1 期普遍通过了显著性检验，滞后 2 期均不显著。结果表明，汇率传递系数每变化 1 个单位，对国内 CPI 的影响仅为 0.005 个单位。

表 4-7　通货膨胀影响因素实证结果

变量	回归系数	标准差	t 值	Pr（$>|t|$）
$Intercept$	0.0026428	0.0022690	1.165	0.24686
Δcpi (-1)	0.2424694	0.1076666	2.252	0.02646**

---

① 平稳性检验显示模型中的变量均是平稳的。

续表

变量	回归系数	标准差	t 值	Pr (>|t|)
$\Delta erpt\,(-1)$	−0.0052465	0.0019569	−2.681	0.00856[***]
$\Delta m2\,(-1)$	0.0525771	0.0289060	1.819	0.07186[*]
$\Delta gdp\,(-1)$	−4.4992117	2.6619917	1.690	0.09405[*]
$\Delta cpi\,(-2)$	0.0202709	0.1027197	0.197	0.84395
$\Delta erpt\,(-2)$	0.0009254	0.0020814	0.445	0.65753
$\Delta m2\,(-2)$	0.0375684	0.0275146	1.365	0.17513
$\Delta gdp\,(-2)$	4.3988174	2.6711296	1.647	0.10268

注：F 统计值为 2.74，*、**、*** 分别表示显著性水平为 0.1、0.05、0.01。

图 4-2 描述了人民币汇率变动对 CPI 的动态影响。不难发现，人民币升值 1 个百分点，对 CPI 的抑制效应最大仅为 0.023 个百分点，可见通过汇率升值来平抑 CPI 的做法得不到实证支持。从理论上讲，一国货币升值通过降低进口价格来抑制国内整体物价水平，同时，进口的增加将加大国内市场的竞争压力，进而有利于抑制物价水平。然而，当一国汇率传递不充分时，货币升值抑制物价的效应就会大打折扣。此外，由图 4-2 可知，汇率传递效应对物价水平的影响在一段时期甚至表现为正向关系。事实上，2005 年 7 月汇改以来的一段时间，人民币升值与中国的 CPI 呈现出明显的正相关性，特别值得一提的是，2007 年和 2008 年，中国 CPI 分别上涨 4.8% 和 5.9%，而在此期间，人民币全年分别升值 6.9% 和 12.6%，升值与物价上涨并存。可以说，人民币升值不但没能有效平抑物价，甚至从某种程度上讲，由于强烈升值预期的存在，大量的短期资本进入中国，加剧了流动性过剩，致使过多的流动性追逐有限的产品。从这个意义上讲，人民币升值对物价上涨起到了推波助澜的作用，当然，这更多地是一种短期效应。

图 4-2　人民币汇率传递对 CPI 的动态影响

此外，国内货币供给量以及产出缺口对 CPI 的影响均通过了显著性检验，国内货币供给量每增加 1 个单位，CPI 将增加 0.05 个单位，而产出缺口每变化 1 个单位，CPI 将变化约 4.5 个单位。可见，产出缺口与通货膨胀存在明显的负相关性，产出缺口为正，即实际产出大于潜在产出时，通货膨胀率就会急剧上升。这一结论与中国人民银行营业管理部课题组（2011）的研究结论是一致的，研究认为，产出缺口对通货膨胀具有很强的解释作用。综上所述，本书认为，中国的通货膨胀更多地由实体经济本身决定，也可以说中国的通货膨胀更多地根植于实体经济本身，尽管通货膨胀最终可能表现为一种"货币现象"，但本质诱因并非货币本身。

四、结论及启示

本章采用 1996 年 10 月至 2011 年 10 月的月度数据，运用面板数据两阶段工具变量法和滚动回归分析方法，首先研究了人民币汇率变动对进口价格的整体传递效应、传递效应的变动趋势以及汇改前后汇率传递的变化差异；其次，研究了人民币汇率变动与 13 个行业（基本涵盖了海关统计中 97 章中所有代表性产品）进口价格之间的关系；最后，基于前述研究，考察了汇率传递与通货膨胀的关系。研究表明，人民币汇率传递效应整体较小，在 13 个行业中，无论是在当期还是滞后期，纺织、塑料、化学等劳动密集型和简单技术型产品均对汇率变化不敏感，即汇率传递系数相对较小；石油、黑色金属、有色金属等矿产类产品的汇率传递系数很小，且都没有通过显著性检验，可以认为，这些行业对汇率变动基本无反应；通用、专用设备以及高端电器行业的汇率传递效应为正，即存在逆传递效应，而电子信息类产品的进口价格对汇率变动基本不敏感；煤炭行业、造纸行业和食品行业的进口汇率传递效应较大。此外，本章的研究表明，汇率传递效应对中国通货膨胀影响极为有限，通过人民币升值很难平抑物价，货币供给量对中国通货膨胀的影响也较为有限，中国的通货膨胀更多地由实体经济自身决定。针对以上结论，本章得到如下重要启示和政策建议。

第一，人民币汇率对进口价格的传递效应整体偏低。这一结论表明，人民币汇率的变动对进口价格的传递是不完全的，因此，人民币汇率变动通过进口价格传递效应对国内整体物价水平的影响有限。从这个意义上讲，人民币汇率传递的低效应，为中央银行实施更为有效的货币政策提供了更多的政策空间，中国货币当局应该更多地关注经济增长、充分就业等政策目标，对汇率水平的变动无须过度关注。从实践来看，2005 年 7 月汇改以来，中国实际有效汇率已经升值 30%，中国的进口物价整体水平乃至国内物价整体水平与汇率趋势并未呈现明显的相关性；此外，中国人民银行宣布，自 2012 年 4 月 16 日起，银行间即期外汇市场人民币兑美元交易价浮动幅度由 0.5% 扩大至 1%，人民币对其他货币的波动幅度也相应地扩大。本章的研究结论为以上现象和做法提供了坚实的理论基础和实证依据。

The Study on RMB Exchange
Rate Pass-through Effect
人民币汇率传递效应研究

　　第二，人民币汇率传递效应整体偏低，说明通过汇率变动来调整国际收支失衡的影响十分有限。事实上，2005 年 7 月汇改以来，人民币升值并未能有效减少中国的贸易收支顺差，甚至存在升值与顺差同时并存的现象。从这个意义上讲，调整贸易收支失衡的着眼点不应该是汇率，中国外部经济要实现均衡，需要一系列的政策组合，包括与主要贸易伙伴的政策合作。

　　第三，本章首次分行业考察了人民币汇率变动对进口价格的传递效应，弥补了单纯从整体考察汇率的进口价格传递效应存在的不足。人民币汇率变动对 13 个行业进口价格的影响呈现出明显的异质性，有些行业影响较大，有些行业影响较小甚至可以忽略不计，其原因在于中国在国际市场上对这些行业所涉产品的进口存在定价权的差异，而定价权的差异最终取决于中国在某个特定行业是否占领技术制高点。

　　对此，一方面，我国应该苦练内功，积极推进经济增长模式的改革和产业结构的升级换代。长期以来，我国粗放式的经济增长模式消耗了大量资源、能源等大宗产品，但在国际大宗产品市场上一直没有较大的定价权（本章的研究结论表明了这一点）。消除消费大国与定价弱国的不对称地位，根本之道在于转变高消耗、高污染、低质量的经济增长模式，减少对大宗产品的依赖，走绿色环保发展之路。同时，推进我国产业结构的升级换代也是必修课，如前文所述，近年来，随着我国产业升级的加快以及企业生产技术的进步，我国复杂技术类产品的国际竞争力明显提高，但与美国、日本、德国等发达国家相比，要想占领核心技术的制高点，我国仍任重而道远。此外，从劳动密集型产品等传统行业的汇率传递效应来看，我国传统劳动密集型产业并没有太多的优势可言，这类行业的进口产品在我国并没有太多的替代品，我国是生产这类产品的大国而非强国，因此未来我国仍然要围绕如何提高这些产业的技术创新水平这一主题而大做文章，加快创新能力的培养和自主品牌的建立。另一方面，我国应该加强与主要贸易伙伴的交流与合作，增强在国际经济事务中的话语权，"引进来"与"走出去"两种策略缺一不可，积极借助国际舞台加快国内经济增长质量的提高和产业的更新升级。

第四，本章的研究表明，中国的通货膨胀更多地根植于实体经济本身，而非简单的货币现象。通过人民币升值来平抑物价，影响十分有限。治理中国的通货膨胀，更多地需要从实体经济着手，从供需视角出发来研究应对之策。

人民币汇率
传递效应研究
The Study on
RMB Exchange Rate
Pass-through Effect

第五章

汇率变动对原油进口价格的传递效应研究

一、引言

近年来，国内学者对汇率传递的研究越来越深入，特别是研究视角发生了重大变化，基于非对称性视角的文献开始出现。

国内有关汇率传递非对称性效应的文献较少，主要是从宏观层面来开展研究，因而得到的结论和政策建议也比较宏观和抽象。曹伟和倪克勤（2010）以及姜昱等（2010）研究了汇率变动对总体进口价格存在的非对称传递效应，结论如出一辙，但他们都没有从行业层面开展深入研究。相比之下，国内研究汇率传递与出口价格关系的成果更为深入和细致，胡冬梅等（2010）、陈学彬等（2007）基于行业数据研究了汇率传递与出口产品（行业）价格的关系，但目前基于行业数据，且从汇率传递非对称视角来研究汇率传递与进口价格关系的文献基本没有。

可以说，汇率传递的非对称性属于汇率的不完全传递范畴，研究非对称性问题是对汇率不完全传递问题的进一步深化。不难理解，基于宏观总体数据（aggregate data）研究汇率传递所得到的结论掩盖了不同行业传递效应之间存在的异质性，从这个意义上讲，考察不同行业是否具有非对称性的汇率传递效应具有更为重要的意义。基于非对称性视角来研究汇率升值和贬值对不同行业（产业）进出口价格影响的大小程度，有利于我们把握汇率变动方向不同对单个行业进出口贸易影响的差异性，进而为当局制定合理的贸易政策提供理论指导和实证支持；此外，考察不同行业传递效应的非对称性，有利于货币当局通过运用汇率工具来合理调节不同行业的物价水平以利于宏观经济的稳定。

鉴于数据的可得性、可行性以及行业的重要性，本书选取原油行业为考察对象[①]。"控制了石油，你就控制了所有国家"，这是国际社会的共识，作为越发影响国际大宗产品走势的"万价之基"，原油价格的变化将辐射至煤炭、铜、铝等资源价格，进而影响到相关企业乃至相关国家的成本支出。近年来，我国原油对外依存度不断增长，原油进口额占国内进口总额的比重也因此水涨船高，原油进口价格已成为国内 CPI 的重要推手。毋庸置疑，降低原油进口价格对抑制目前国内通货膨胀具有举足轻重的作用。那么，人民币汇率升值和贬值对原

---

① 细分行业的汇率传递效应将是未来一个十分重要的研究主题。本书从非对称性视角出发研究汇率变动对原油进口价格的传递，是对该主题开展研究的一个初步尝试。

油进口价格的影响程度如何？是否存在非对称的传递效应呢？是否遵
循一般的理论解释所认为的，人民币升值将降低原油进口价格而贬值
将提高原油进口价格？这些是本章要研究的问题。

　　下文结构如下：第二部分是模型设定、变量处理与数据。第三部
分是实证分析，主要考察人民币汇率变动对原油进口价格传递的非对
称性效应，运用门限模型获得的临界值来界定汇率变动幅度的大小。
本章分别界定了升值和贬值两种情况下的汇率波幅，全面考察了汇率
波动的传递效应非对称性。第四部分是结论及启示。

二、模型设定、变量处理与数据

（一）基本模型

根据前文提及的汇率传递理论模型，可建立原油进口价格指数与
汇率变动关系的传递方程：

$$\Delta \ln P_t = \alpha + \beta_1 \Delta \ln ne_t + \beta_2 \Delta \ln ppi_t + \beta_3 \Delta \ln w_t + \beta_4 \Delta \ln gdp_t + u_t \quad （5-1）$$

其中，P_t 表示以人民币计价的原油进口价格指数；ne_t 表示人民币汇率；
ppi_t 表示原油进口替代品的价格，采用国内原油生产价格指数作为替代
变量；w_t 表示原油进口产品的边际成本；gdp_t 表示季度国内生产总值。
针对该模型，本书将采用滚动回归分析方法，以获得人民币汇率变动
对我国原油进口价格的动态传递效应。

　　通过对式（5-1）进行滚动回归分析，我们可以得到汇率传递效应
变化趋势。式（5-1）没有考虑汇率传递的非对称性，本书通过式（5-2）
来弥补式（5-1）的不足，着重分析人民币汇率变动对原油进口价格传
递的非对称性。对此，本书通过设置哑变量来表示季度人民币汇率升
值或贬值。

$$A_t = \begin{matrix} 1 \\ 0 \end{matrix} \quad \begin{matrix} \text{当 } \Delta\ln ne_t>0 \\ \text{其他情况} \end{matrix} \qquad D_t = \begin{matrix} 1 \\ 0 \end{matrix} \quad \begin{matrix} \text{当 } \Delta\ln ne_t<0 \\ \text{其他情况} \end{matrix}$$

将上述哑变量代入式（5-1），得到式（5-2）以考察升值和贬值条件下人民币汇率的传递效应有何不同。

$$\Delta\ln P_t = \alpha + \beta_{1A}(A_t\Delta\ln ne_t) + \beta_{1D}(D_t\Delta\ln ne_t) + \beta_2\Delta\ln ppi_t$$
$$+ \beta_3\Delta\ln w_t + \beta_4\Delta\ln gdp_t + u_t \qquad\qquad （5-2）$$

（二）数据来源及处理

本章以 1995 年第一季度至 2009 年第四季度共 60 个季度为样本区间。由于我国没有公开、完整的原油进口价格指数，本章以季度进口额除以进口数量得到单位进口价格，再转变为定基比进口价格指数。由于我国没有公开的行业进口价格指数数据，本章参照 Cerra 和 Saxena（2002）、陈学彬等（2007）以及王晋斌和李南（2009）的做法，根据进口产品的金额和数量两类数据自行编制。我们采用 Cerra 和 Saxena（2002）的"单位值指数方法"，利用中经网统计数据库和海关统计月报公布的主要进口产品中原油产品的进口数量和进口金额，得到每月原油的进口单价和进口价格指数。为了更好地说明人民币汇率变动对原油进口价格的传递，我们将进口美元金额转换为以人民币计价的金额。原油出厂价格指数作为进口替代品价格指数的替代变量，原始数据来源于中经网统计数据库，经过计算后得到定基比数据。人民币汇率以名义有效汇率表示，指数下降表示人民币贬值，上升则表示升值，数据来源于 IMF。原油进口的边际成本 w 以 IMF 全球产品价格指数表中的原油价格指数作为替代变量，数据来源于 IMF。理论上讲，原油进口的边际成本应该以我国主要贸易国的原油出厂价格指数加权平均值作为替代变量，每季度我国与各国原油进出口贸易额占所选国家全部原油进出口贸易总额的比例为权重，但由于数据的不可得性，本章采用 IMF 公布的指数作为替代变量不失为一种较合理的做法。GDP 为季度国民生产总值，原始数据来自中经网统计数据库。

三、实证分析

（一）汇率传递效应变动趋势分析

式（5–1）为汇率传递基本计量模型。本章运用 R 软件进行滚动回归分析，得到人民币汇率变动对原油进口价格的动态影响。与传统的静态回归分析相比，滚动回归可以获得回归参数的具体变化过程。

如第三章所述，与静态回归分析相比，滚动回归分析考察了回归系数的动态变化，即变动趋势。滚动回归样本长度取 5 年，即 20 个季度，样本时间跨度为 1995 年第一季度至 2009 年第四季度，共 60 个季度，我们获得 41 个汇率传递效应系数。通过观察图 5–1 我们发现，总体而言，人民币汇率变动对原油进口价格存在较强的传递效应，部分时间存在超传递现象 [1] 和逆传递现象（汇率传递系数小于零）。实证数据表明，以 2007 年 1 月为界，平均来说，之前汇率传递系数基本为负，表明升值抑制原油进口价格而贬值提高原油进口价格，之后汇率传递系数为正，即出现了逆传递现象。

---

① 国外有文献研究得到了初级产品的汇率传递系数大于 1 的结论。

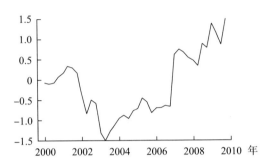

图 5-1　人民币汇率变动对原油进口价格的动态影响趋势

那么，我们应该怎样对以上结论作出合理的解释呢？以往的研究表明，汇率变动对我国的 CPI 以及进口价格总指数的传递效应均呈现下降趋势，且汇率传递效应与通货膨胀存在正向关系（倪克勤和曹伟，2009）。与这一结论不同的是，汇率变动对原油进口价格的传递效应总体并未出现下降趋势，而呈现时大时小的特征。同时，通过比较汇率变化趋势与通货膨胀率之间的关系可以看出，汇率变动对原油进口价格的传递效应与通货膨胀环境存在一定的规律性特点。具体而言，低通货膨胀环境下，汇率变动对原油进口价格的传递效应较大；而在高通货膨胀环境下，汇率变动对原油进口价格的传递效应反而较小，这与我们以往通过滚动回归分析得到的汇率变动对总体物价水平的传递趋势呈现高通货膨胀高传递以及低通货膨胀低传递的结论截然不同。对此，本章认为，纵观历次通货膨胀，往往伴随着经济的高增长（主要表现为高投资及高净出口，而消费水平保持相对稳定），而经济的高增长往往带动原油进口的急剧增加。例如，2007 年及 2008 年中国的 CPI 分别达 4.8% 和 5.9%，宏观经济保持了良好的发展势头；与此同时，原油进口额分别达 1.6 亿吨和 1.79 亿吨，原油对外依存度分别达 46% 和 47%，相较于经济增长放缓的情形，经济快速增长导致对原油的进口需求增加，加之我国原油进口需求本身有较强的刚性依赖，原油出口企业一定程度上可以无视人民币汇率的变动（人民币在此区间主要表现为升值态势），以谋求自身利润最大化。相比之下，低通货膨胀往往伴随我国经济增长放缓（1999—2002 年的宏观经济就是典型的例证），即投资需求及进口需求减弱，对原油的进口需求下降，原油进口企业的定价权相对减弱，面对汇率的变动（人民币在此区间主要表现为贬值态势），出口企业很可能将汇率变动冲动传递至进口商，进口价格随汇率的变动而变动，此时，汇率变动对原油进口价格的影响增强，即表现为较高的传递效应。

最后，值得一提的是，从汇率传递变动趋势图我们容易看出，2007 年之后的传递效应均为正值，即出现了逆传递现象。具体而言，汇改后一年半左右的时间，人民币升值不但未能降低原油进口价格，反而进一步推高了原油进口价格。笔者认为，这与人民币不断升值以及升值预期存在紧密联系。具体而言，第一，人民币升值后，美元相对贬值（近几年美元步入贬值通道），因而以美元计价的包括原油在内的国际大宗产品价格提高。不仅如此，美元贬值使更多的国际短期资本流入大宗产品领域以规避汇率风险。第二，随着人民币浮动幅度的增大，市场预计人民币在未来一段时间可能存在更大幅度的升值，市场也因此预计中国很可能增加战略储备资源的进口，这容易引发国内外大宗产品的价格应声上涨。可以说，人民币升值对原油进口价格的抑制效应小于升值以及升值预期所带来的原油价格的上涨效应，这在很大程度上解释了为什么存在汇率变动对原油进口价格的逆传递效应。

（二）汇率传递效应非对称性分析

式（5-2）旨在分析相同幅度下的汇率升值与汇率贬值对原油进口价格的影响程度存在怎样的差异，即是否存在非对称性的汇率传递效应。正如前文所述，如果 1 单位的升值带来的进口价格下降与 1 单位的贬值带来的进口价格上升幅度一致，我们就认为汇率传递效应存在对称性；反之，则认为汇率传递存在非对称性效应。

式（5-2）的回归结果如表 5-1 所示。人民币贬值 1 个单位的传递效应大于升值 1 个单位的传递效应，这一点与以往我们从宏观层面进行研究得到的结论具有一致性（曹伟和倪克勤，2010）。然而，与以往从宏观层面研究非对称性效应有所不同的是，升值和贬值的传递效应都通过了显著性检验，且存在超汇率传递现象。

表 5-1　汇率变动方向对价格传递的非对称性回归结果

变量	回归系数	标准差	t 值	Pr(>|t|)
α	−0.07672	0.02600	−2.950	0.00472***
$A_t\Delta\ln ne_t$	−1.77006	0.96545	−1.833	0.07236*
$D_t\Delta\ln ne_t$	1.82518	0.87173	2.094	0.04108**
$\Delta\ln ppi_t$	0.38713	0.08732	4.433	4.70e-05****
$\Delta\ln w_t$	0.59683	0.08413	7.094	3.18e-09****
$\Delta\ln gdp_t$	1.13461	0.60777	1.867	0.06746*

注：调整后 R^2 为 0.7458，F 统计值为 35.53，*、**、***、**** 分别表示显著性水平为 0.1、0.05、0.01、0.001。

对此，本章认为，原油作为十分重要的战略物资及资源密集型产品，我国对原油的进口依赖程度较高，且进口替代程度较小，因而外国原油出口企业在中国进口市场中具有较强的定价权。从理论上讲，在完全竞争市场上，面对进口国货币升值，外国出口企业很可能保持以自

身所在国货币计价的出口产品价格不变，对应地，以进口国货币计价
的进口价格下降，即汇率升值对进口价格表现为完全的传递效应（此
时汇率传递是完全和充分的）。

　　然而，当一国进口依赖程度高且不具备较强的议价能力时，通过
升值降低进口价格从而扩大进口规模的能力将受到很大的抑制。在这
种情况下，外国出口企业将会增加成本加成以保持出口价格（以进口
国货币计价）基本不变，因而货币升值对进口价格的传递效应较小，
外国出口企业可以获得较高的边际利润。与上述情况不同的是，进口
国货币贬值对进口价格的传递效应较大。这是因为，外国出口企业在
双边贸易中具有定价权，当进口国货币贬值时，外国出口企业为维持
原有的利润水平（以出口国货币计价），很可能固定成本加成，维持
以自身所在国货币计量的价格不变，此时进口价格能充分、完全地反
映汇率的变化，即存在很大的汇率传递效应。

　　综上所述，本章认为，人民币贬值所引发的传递效应较升值大。
这一现象与 Knetter（1994）、Pollard 和 Coughlin（2004）提出的
贸易限制说是一致的，即如果外国企业对东道国实施出口制裁，东
道国货币贬值时的汇率传递效应将大于升值时的汇率传递效应。事
实上，这一经济现象与前文所述的数量限制说也是一致的。

　　此外，与贸易限制说及数量限制说不同的是，市场份额目标说认为，
外国出口企业为了争取在东道国的市场份额，面临东道国货币汇率变
动时将作出以下反应：在升值的情况下，外国出口企业将降低进口（东
道国）价格以增加它们的市场份额；当货币贬值时，外国出口企业将
通过降低成本加成，保持进口（东道国）价格基本不变，从而可以维
护原有的市场份额。所以，市场份额目标说认为，货币升值对进口价

格的传递效应较贬值时大。本章的实证研究表明，市场份额目标说不能解释人民币汇率变动对原油进口价格的传递效应，这再次表明外国原油出口企业在中国进口市场中具备较强的议价能力。从这个意义上讲，中国应该努力加快经济增长模型的转变，实现产业优化升级，积极落实节能减排目标，同时增强资本密集型产品的自我供给能力以减少经济发展对原油进口的过度依赖，从而可以使经济发展不受制于人，增强经济发展的创造性和主动性。

如何界定汇率波动幅度呢？Pollard 和 Coughlin（2004）将大于 3%的汇率升值或贬值称为大的波动幅度，而小于 3%则称为小的波动幅度，不难看出，这种界定方法具有明显的主观特性。在相同的时段，不同汇率制度下经济体的汇率波动幅度存在很大的差异，即使是实行相同汇率制度的国家，由于宏观经济环境不同，汇率的升值或贬值幅度也不尽相同。为弥补可能存在的不足，本书通过门限模型获得的临界值来界定汇率变动幅度的大小，分别界定了升值和贬值两种情况下的汇率波幅，全面考察了汇率波动的传递效应非对称性。

门限模型由 Hansen（2000）提出，两体制门槛模型方程组为

$$y_t = x'_t \beta_1 + \varepsilon_i, q_t \leqslant \gamma \qquad （5-3）$$

$$y_t = x'_t \beta_2 + \varepsilon_i, q_t > \gamma \qquad （5-4）$$

门槛变量 q_t 把样本按照门槛值 γ 划分为不同的区间。设置虚拟变量 d（$q_t \leqslant \gamma$）=1，d（$q_t > \gamma$）=0，则方程组可用单一方程表示：

$$y_t = x'_t \beta_1 \cdot d(qt \leqslant \gamma) + x'_t \beta_2 \cdot d(qt > \gamma) + \varepsilon_i \qquad （5-5）$$

$S_1（\gamma）$ 为每次估计结果的残差平方和，而最优门槛值 $\hat{\gamma} =$ arg min $S_1（\gamma）$，检验是否存在门槛效应，构造 LM（Lagrange Multiplier）统计量对不存在门槛值的零假设 $H_0: \beta_1 = \beta_2$ 进行统计检验。

其 P 值可以用 Bootstrap 方法实现。如果 P 值显著，表示存在门槛值。本章中门限效应检验的 LM 估计量拒绝原假设，显示存在门限效应，门槛值自动生成为 0.0168。当汇率变动幅度大于 1.68% 时，我们可以认定为大的汇率变动，反之则相反。门限回归结果如表 5-2、表 5-3 所示，实证结果表明大于 1.68% 的汇率波动，无论是升值还是贬值，都比小于 1.68% 的汇率波动具有更大的汇率传递效应。

表 5-2　汇率变动大小与传递效应的非对称性：门限模型获得门限值（大于 1.68%）

变量	回归系数	标准差	t 值
α	-0.16511	0.06183	-2.670^{***}
$A_t\Delta\ln ne_t$	-3.92970	1.93838	-2.027^{**}
$D_t\Delta\ln ne_t$	3.82128	1.62135	2.356^{**}
$\Delta\ln ppi_t$	0.41142	0.09109	4.517^{***}
$\Delta\ln w_t$	0.61359	0.14490	4.234^{***}
$\Delta\ln gdp_t$	1.52060	0.79004	1.925^{*}

注：调整后 R^2 为 0.84，*、**、*** 分别表示显著性水平为 0.1、0.05、0.01。

表 5-3　汇率变动大小与传递效应的非对称性：门限模型获得门限值（小于 1.68%）

变量	回归系数	标准差	t 值
α	-0.02858	0.03649374	-0.783
$A_t\Delta\ln ne_t$	-1.25219	2.38834123	-0.5242
$D_t\Delta\ln ne_t$	2.96560	3.08562359	0.961
$\Delta\ln ppi_t$	0.11344	0.08538065	1.3286
$\Delta\ln w_t$	0.79174	0.13796344	5.7387^{***}
$\Delta\ln gdp_t$	0.16298975	0.69322723	0.2351

注：调整后 R^2 为 0.75，*、**、*** 分别表示显著性水平为 0.1、0.05、0.01。

我们该如何解释这一非对称性呢？或者说，为什么波幅较大的汇率变动对原油进口价格存在显著性影响，而波幅较小的汇率变动对原油进口价格的影响不显著呢？我们需要再次强调的是，本章中的原油进口价格计价货币已经转换成人民币。

当汇率贬值幅度小于菜单成本临界值时，原油出口企业保持以进口国货币计量的出口价格稳定乃最佳策略，显然出口企业获得的以自身货币计价的利润可能下降了。不难理解，改变定价的菜单成本高于因汇率贬值而改变定价带来的收益，所以出口企业保持以进口国货币计量的报价不变为最优选择，即汇率变动对原油进口价格基于没有影响，汇率传递效应趋于零；相反，当汇率贬值幅度大于菜单成本临界值时，原油出口企业改变定价的成本小于收益，因而出口价格随汇率的贬值而增加，即表现为较高的传递效应。

同理，当汇率升值幅度小于菜单成本临界值时，原油出口企业保持以进口国货币计量的价格稳定可以获得汇兑收益，改变定价反而需要支付一定的菜单成本，因而保持定价不变为最优选择，即汇率传递效应趋于零；相反，当汇率升值幅度大于菜单成本临界值时，从理论上讲，出口企业可以获得更大的汇兑收益，因而企业保持价格稳定仍为最优选择。然而，企业此举可能导致丢失部分市场份额，除非出口企业在进口国市场处于完全垄断地位。本章认为，在一个非完全垄断市场，面对进口国货币较大幅度的升值，外国出口企业很可能通过降低以进口国货币计量的出口价格来维持其在东道国的市场份额，即表现出较高的汇率传递效应。我国原油进口需求量巨大且缺乏较大的定价权，但原油进口市场非完全垄断市场。实证分析可知，当人民币汇率大幅升值时，外国出口企业不可能无视汇率的变化而采取垄断定价的方式。

四、结论及启示

本章首先梳理了国内外有关汇率传递非对称性效应的研究成果；其次，运用滚动回归分析方法，分析了 1995 年第一季度至 2009 年第四季度人民币汇率变动对原油进口价格的动态影响；最后，本章考察了人民币汇率变动对原油进口价格传递效应的非对称性。结论表明：第一，人民币汇率变动对原油进口价格存在较强的传递效应，部分时间存在超传递现象和逆传递现象。第二，汇率变动对原油进口价格的传递效应总体并未出现下降趋势，而呈现时大时小的特征，汇率变动对原油进口价格的传递效应与通货膨胀两者之间存在一定的负向关系，这些与已有文献从宏观层面得到的结论截然不同。第三，无论本章单独考察升值和贬值条件下汇率传递效应的非对称性，还是加入汇率变动幅度这一约束条件来考察升值和贬值情况下传递效应的非对称性，本章均得到了贬值时的传递效应大于升值的结论。针对以上结论，本章得到如下启示：

第一，保持人民币汇率相对稳定有助于减小原油进口价格冲击的影响，进而有利于国内总体物价水平的稳定。本章的实证结果表明，平均来说，人民币汇率变动对原油进口价格影响显著，存在明显的通货膨胀效应和通货紧缩效应，且人民币汇率变动幅度越大，对原油进口价格的传递效应就越大，因此，保持人民币汇率的相对稳定可以减小"万价之基"原油进口对上游产品价格的传导效应，进而有利于国内总体物价水平的稳定。

第二，无论本章单独考察升值和贬值条件下汇率传递的非对称性，还是加入汇率变动幅度这一约束条件来考察升值和贬值情况下传递效应的非对称性，都得到了贬值的传递效应大于升值的结论，这在一定程度上反映了我国在国际原油进口市场上缺乏定价权。我国作为原油进口大国，却在国际原油市场上没有充分的话语权和定价权。从表象上看，我国对原油进口的依存度过高，或者说经济增长对原油的依赖性太强，存在刚性需求，这与我国经济增长模式有关。长期以来，投资需求一直充当拉动经济增长的主力军角色，投资力度不合理，投资结构失衡。然而，从长期来看，这种以"高消耗、高排放、高污染"为特点的粗放式增长难以为继。本章认为，我国需要通过优化投资结构、实时把握投资力度来加快技术进步和产业结构优化，减少包括原油在内的各种资源类产品的消耗，加快技术进步，提高资源利用率，加大对新能源、新材料等战略性新兴产业的投入与研发力度。一言以蔽之，我国需要积极转变经济增长方式，提高经济发展的质量。只有这样，我国经济发展才能从根本上减少包括原油价格波动在内的各种外来冲击的影响。

第三，治理通货膨胀需要综合运用多种政策工具。自2007年以来，人民币汇率总体处于升值通道（无论人民币对美元汇率还是人民币名义有效汇率，均是如此），在此期间汇率变动对原油进口价格存在逆传递。随着我国对国内成品油价格管制的逐步放松，国际原油价格与国内成品油价格之间的联动效应会逐步增大，国际原油价格的上涨对国内总体物价水平的传导效应也将逐步增强，国内通货膨胀治理难度也将逐步加大。同时，汇率升值本身对抑制油价的作用因升值预期对油价的推升作用而大打折扣。综上所述，本章认为治理目前的通货膨胀需要多管齐下、综合治理，单独依靠汇率工具来抑制国内通货膨胀的作用十分有限。

人民币汇率
传递效应研究

The Study on
RMB Exchange Rate
Pass-through Effect

综合篇

人民币汇率
传递效应研究
The Study on
RMB Exchange Rate
Pass-through Effect

第六章

"一带一路"背景下人民币汇率变动
对进口价格的传递效应研究：
省际和行业双重视角

一、引言

近年来，特别是从 2014 年初开始，人民币兑美元汇率中间价一改长期单边升值预期，进入双向波动新常态。在新的形势下，人民币汇率传递是否具有新的特征值得研究。

从近十多年的研究文献来看，已有文献对人民币汇率传递的研究，主要集中于汇率变动对国内物价水平和出口价格水平的传递这两个层面，对进口价格水平传递的研究较少。事实上，研究汇率变动对进口价格水平的影响，具有十分重要的现实意义，汇率变动对一国进口价格的传递效应大小，对外来企业而言，一定程度上反映了外国出口企业面对产品目的国货币汇率的变动，对出口产品定价权的大小；就进口国市场而言，体现了本国进口市场对外来产品定价权的大小。2018年11月5日，首届中国国际进口博览会在上海开幕。习近平总书记在开幕式上发出"共建创新包容的开放型世界经济"的宣言，展望未来，中国政府将进一步提升进口贸易的战略意义。从这个意义上讲，研究进口汇率传递问题对我国进口贸易政策的制定具有重要的借鉴价值。

从已有文献来看，有关人民币汇率传递的研究，存在以下几个方面的特点：

第一，对汇率传递中的"汇率"，已有文献主要采用 IMF 或者 BIS 公布的人民币名义有效汇率进行实证研究。这一指标是基于全国整体层面得到的，其贸易权重涉及的贸易伙伴是国家层面的主要贸易伙伴，没有考虑到各省（包括自治区、直辖市，下同）主要贸易伙伴事实上存在的差别，因而也就没有考虑到各省名义有效汇率的省际特征。

第二，有关汇率传递的成果主要从国家层面（陈学彬等，2007；王晋斌和李南，2009）和行业层面（曹伟和申宇，2013）开展研究，也有少量文献研究中国与主要贸易伙伴之间的汇率传递效应或基于某一特定港口来研究中国与其他国家之间的汇率传递效应（胡冬梅等，2010）。从国家层面研究汇率传递效应的文献，研究内容体现为汇率变动对生产者价格指数进而对 CPI 的影响。从行业层面研究汇率传递的文献，研究内容主要为汇率变动对行业进口价格或出口价格的影响。目前很少有文献研究省际层面的汇率传递效应。

第三，现有研究往往假定汇率传递具有对称性，没有区分贬值和升值不同状态下汇率传递效应大小的省际差异。尽管曹伟和倪克勤（2010）从国家层面考察了中国汇率传递效应的非对称性，研究认为相同单位的人民币贬值的汇率传递效应大于升值的汇率传递效应，但该研究没有深入省际层面，没有考虑外国出口企业面临汇率的波动，在中国不同省份可能采取的差异化定价策略。

第四，国家层面的研究主要采用时间序列分析法，而行业层面的研究则主要采取面板数据模型，主要得到整体和行业层面的汇率传递效应，没有比较"一带一路"倡议实施以后，汇率传递效应可能存在的前后差异以及"一带一路"倡议对不同省份汇率传递效应的异质性影响。

针对上述研究特点，本章将从以下几个方面开展新的研究：（1）基于各省主要贸易伙伴存在较大差异这一事实，自行编制各省名义有效汇率指标。自"一带一路"倡议实施以来，各省与"一带一路"沿线国家双边贸易迅速发展，很多"一带一路"沿线国家成为一些省份的主要贸易伙伴，特别是边疆省份的主要贸易伙伴出现了新变化。因此，针对"一带一路"倡议实施之后各省主要贸易伙伴的动态变化来构建省际人民币名义有效汇率指数，显得更有必要。基于国家层面的汇率传递研究掩盖了不同省份汇率传递效应可能存在的差异，而编制省际名义有效汇率，则有利于揭示名义有效汇率的省际特征，进而有利于探讨汇率传递效应的省际异质性。（2）研究省际汇率传递效应的非对称性特征。鉴于中国各省经济发展水平、对外贸易开放程度、进口贸易结构均存在较大差别，外国出口企业面对不同省份的进口市场，有没有可能针对人民币升值和贬值采取非对称定价策略？当前人民币汇率进入双向波动新常态，未来汇率水平变化和波动幅度很可能进一步增大，在这一背景下，亟须研究人民币汇率传递的非对称性。
（3）针对各省汇率传递效应的异质性特征，结合以往研究成果（Frankel
等，2005；曹伟和倪克勤，2010），研究认为各省进口产品结构的不同，
可能导致了汇率传递的省际异质性，对此，我们运用实证分析加以验
证。（4）考虑"一带一路"倡议对各省进口产品结构可能的影响，本
章进一步采用双重差分法（DID）比较分析"一带一路"倡议实施对
汇率传递效应的影响大小。

本章的研究意义在于：（1）从学术价值来看，研究基于省际视
角，深化了人民币汇率传递现有研究。（2）从现实意义来看，其一，
研究汇率传递非对称性，从微观层面来讲，实质上是探讨面临相同单
位的货币升值和贬值，贸易企业如何定价的问题；从宏观层面来讲，
各个贸易企业面临相同单位的货币升值和贬值实施不同的定价策略，
将影响一个国家或地区汇率传递效应非对称性的大小程度。因此，研
究为国家制定相关贸易政策以及贸易企业定价策略提供了理论依据和
实证支持。其二，从进口产品结构角度来分析省际汇率传递效应存在
的异质性，有利于明确初级产品和工业制成品（劳动密集型和资本密
集型）在国际市场上的定价权，进而为进口贸易政策和产业政策的制
定提供借鉴。其三，基于汇率传递效应非对称性视角研究"一带一路"
倡议对汇率传递效应的影响，为更好地落实"一带一路"倡议提供理
论依据。

研究发现，第一，整体来看，西部省份的汇率传递效应普遍大于
东部沿海地区。人民币汇率传递存在非对称性效应，各省人民币汇率
对进口价格的非对称传递存在明显异质性，且具有一定的区域特征，
珠三角地区、长江流域地区或与之相邻的地区，人民币贬值的传递效

应大于升值,或者升值反而促使企业进一步提升进口价格(以人民币计价)。第二,各省资本密集型产品的进口占比越大,人民币贬值越能促使进口价格上升,说明对于资本密集型产品的进口,我国定价权不足。第三,"一带一路"倡议从整体上提升了中国在国际进口市场中的定价权,特别是对于劳动密集型产品的进口,中国的定价权大幅提高。具体而言,"一带一路"倡议实施前,随着劳动密集型产品进口占比的上升,人民币贬值使我国的进口价格大幅上升,但"一带一路"倡议实施后,随着劳动密集型产品进口占比的上升,人民币贬值反而使进口价格微幅下降,这很可能是因为"一带一路"倡议提高了中国在劳动密集型产品进口市场中的定价权。

下文结构安排如下:第二部分是最新研究进展回顾,主要从汇率传递效应大小以及原因、汇率传递效应非对称理论两个层面梳理国内外文献。第三部分基于前文阐述的汇率传递非对称效应理论,建立计量模型,并交代数据来源及处理,编制省际人民币名义有效汇率指数。第四部分基于全样本和分样本,研究人民币汇率传递效应的非对称性和省际异质性。第五部分从进口产品结构角度解释省际人民币汇率传递为何存在异质性。第六部分研究"一带一路"倡议对人民币汇率传递效应的影响。最后一部分是结论和启示。

二、最新研究进展回顾

(一)汇率传递效应大小以及原因研究综述

国外有关汇率传递问题的实证研究经历了从基于汇总数据(aggregated data)到基于分类数据(disaggregated data)进行研究的转变。更直接地讲,是从研究汇率变动对国内整体物价以及进出口

整体价格的传递效应逐步转变到研究汇率变动对国内分类物价以及进
出口行业分类价格的传递效应。当然，无论是从宏观视角还是微观视
角出发，大都以厂商利润最大化为理论基础，推导得出汇率传递一般
模型，并在此基础上进行实证分析。

1. 宏观层面的研究：汇率传递效应大小

国外有关汇率传递的研究成果丰硕，研究成果主要集中于国家
层面，研究结论主要体现在以下几个方面：第一，汇率传递效应短
期往往是不完全的，而长期趋于完全，即传递系数为1（Campa 和
Goldberg，2002，2006；Goldberg 和 Knetter，1997；McCarthy，
1999）。研究认为，短期价格黏性是汇率传递不充分的重要原因。
Gopinath 和 Rigobon（2008）的研究表明，汇率变化对美国进口价
格和出口价格的传递效应均具有明显的时滞，时滞效应分别为 12 个
月和 13 个月。Fitzgerald 和 Haller（2013）的研究表明，爱尔兰的汇
率传递黏性时期为 6.2 个月。第二，实证研究普遍表明，汇率变动对
进口价格的传递效应最大，对生产者价格的影响其次，对国内物价
的影响最小（Burstein 等，2003；Ito 和 Sato，2008；McCarthy，
1999）。第三，研究普遍发现，发达国家的汇率传递效应较小（Campa
和 Goldberg，2002；McCarthy，1999），而发展中国家的汇率传递
效应偏大（Calvo 和 Reinhart，2000；Choudhri 和 Hakura，2001；
Goldfajn 和 Werlang，2000）。

国内方面，自 2005 年 7 月汇改以来，国内涌现出大量有关汇率
传递的研究成果。研究大致经历了从基于国家整体层面研究汇率传递
效应及其影响因素到研究行业汇率传递效应的转变。具体而言，国内
早期的文献，主要研究汇率变动对各种物价水平的影响（施建淮等，

2008；吕剑，2007；毕玉江等，2006），普遍得到中国汇率传递效应偏低的结论。随后，关于中国汇率传递影响因素的文献开始出现，许伟和付雄广（2008）以及倪克勤和曹伟（2009）分别研究了人民币汇率变动对进口价格和国内物价传递效应的动态趋势以及影响因素。项后军和许磊（2011）研究了汇率传递系数大小与通货膨胀的关系。

2. 微观层面的研究：汇率传递效应大小

随着研究的不断深入，人们发现，从国家整体层面研究汇率传递效应存在一个问题：忽略了汇率传递效应的行业差异，也就是我们所说的汇率传递异质性问题。从分类数据出发研究不同行业汇率传递的异质性，具有更为重要的研究价值。主要文献如下：Gagnon 和 Knetter（1995）考察了德国、日本以及美国的汽车出口至七个工业化国家的汇率传递效应，研究认为，从短期来看，出口企业大多实施生产者货币定价策略，因而存在较高的汇率传递效应；然而，从长期来看，企业往往实施 LCP 定价策略[①]。Goldberg 和 Knetter（1997）认为，汽车行业的汇率传递效应大小主要取决于市场竞争程度。他们的研究表明，1994 年 1 月至 1995 年 4 月，日元相对美元升值 34%，但丰田 Celica 型双门跑车的价格在美国市场仅上升 2%，这说明日本汽车在美国的竞争异常激烈，日本厂商不得不自身吸收汇率变动的影响，保持在美国的汽车售价基本不变以维持原有的市场份额。

Bernhofen 和 Xu（2000）的研究表明，1982—1993 年，德国和日本在美国石化产品市场上表现出很强的产品议价能力，由这两个国

[①] 从长期来看，出口企业往往以占据某一特定的市场份额为目标，因而实施依市定价或当地货币定价策略。

家出口至美国的 29 种石化产品的汇率传递效应普遍较小。Campa 和
Goldberg（2002）采用一般线性回归方法研究了主要 OECD 国家食品、
能源、原材料、工业制品以及非工业制品五大行业汇率变动的进口价
格传递效应，研究表明，超过半数国家的汇率传递效应不遵循目的国
货币定价理论（传递效应趋于零），相比之下，生产者货币定价理论
的适应性更广泛；平均来说，无论是短期还是长期，能源和原材料两
大行业的传递效应相对其他行业要大。与 Campa 和 Goldberg（2002）
采用一般线性回归方法有所不同，Al-Abri 和 Goodwin（2009）采用非
线性向量误差修正模型，同样研究了 16 个 OECD 国家主要行业的汇
率传递效应，结果表明，与 Campa 和 Goldberg（2002）的研究相比，
各行业普遍存在较大的汇率传递效应。此外，Banik 和 Biswas（2007）
研究了 1991 年 7 月至 1999 年 12 月日本、韩国以及加拿大出口至美国
的汽车价格与汇率变动的关系，结果表明，美元汇率变动对从日韩两
国进口汽车的进口价格影响不大。原因在于，日本和韩国企业较为重
视在美国汽车市场的销售份额，因而采取依市定价策略；相比之下，
加拿大汽车出口企业对美元汇率的变动十分敏感，表现为很强的汇率
传递，可以说，加拿大企业不及日韩企业重视在美国汽车市场的份额。
Bhattacharya 等（2008）研究了日本、美国以及英国主要行业的汇率传
递效应，结论表明，生产者货币定价理论在这三大国家各主要行业具
有普遍适应性，这一研究结论与 Campa 和 Goldberg（2002）的研究结
论基本一致。相比之下，Bhattacharya 等（2008）的研究更加深入和具体，
他们不仅考察了行业的进口传递效应，还对出口传递效应以及汇率变
动对不同行业 PPI 的影响也做了研究，并且他们对行业的划分更加细
致，有力地考察了不同行业汇率传递的异质性。具体而言，研究表明，

日本的食品、纺织和金属行业，英国的钢铁行业以及美国的橡胶、家具行业的汇率传递效应普遍较小，而美国的食品、机械以及交通运输业，英国的烟草和有色金属行业表现出很大的汇率传递效应。Yoshida（2010）研究了日本国内不同港口不同行业（产品）的汇率传递效应，研究发现，即使是同类产品，在不同港口的汇率传递效应也存在较大的差别。

3.对汇率传递效应大小的解释

微观层面，对于汇率传递不完全现象的解释，国外文献主要从以下几个方面开展了研究（曹伟，2016）：第一，产品价格短期具有黏性，不易调整。第二，出口企业的依市定价策略致使企业对不同程度的汇率变化采取不同的成本加成定价，因而导致传递效应不完全[①]。第三，对进口产品进行配送降低了汇率传递效应。近年来，随着研究的深入，学术界从企业本身（如企业业绩表现、企业生产率的不同）以及企业产品本身的属性出发来探讨汇率传递的微观成因（Berman 等，2012；Chatterjee 等，2013；Chen 和 Juvenal，2016）。此外，研究表明，通货膨胀环境、对外开放程度以及经济总量等宏观因素同样会影响汇率传递效应大小（Alexius 和 Vredin，1999；Taylor，2000；Campa 和 Goldberg，2002；Frankel 等，2005；Campa 和 Minguez，2006；Reyes，2007；Mallick 和 Marques，2012）。

（二）汇率传递效应非对称理论研究综述

随着对汇率传递问题研究的不断深入，学术界的研究视角出现

---

① 比如，为维持现在的市场份额，出口企业采取依市定价策略，当汇率波动幅度较小时，企业可能不改变成本加成，因而以目的国货币计价的产品价格保持不变。

了另外一个新变化：从非对称性视角来研究汇率传递效应大小以及与此相应的理论解释。汇率传递的非对称性是指一国汇率升值 1 个单位与贬值 1 个单位对物价水平的影响程度大小有何不同（Pollard 和 Coughlin，2004）。基于非对称视角研究汇率传递的理论分析，主要存在以下两种理论解释（Pollard 和 Coughlin，2004；Cheikh，2012）：第一，市场份额说。该学说认为，如果外国出口企业所生产的出口产品价格需求弹性较大，当本国货币贬值时，外国出口企业通过调整成本加成、实施依市定价策略，保持产品在本国的销售价格基本不变（汇率传递效应趋于零），从而可以维持原有的市场份额。然而，当本国货币升值时，外国出口企业保持成本加成不变，外来产品在本国市场的价格下降（完全的汇率传递效应），这样不仅可以维持原来的市场份额，还可能因为本国货币升值而增加市场份额。第二，市场垄断说。市场垄断说认为，垄断促成了汇率升值和贬值时不同程度的传递效应。当本国货币升值时，如果外来企业在本国产品销售市场上具有一定的垄断程度，它们很可能保持以本币计价的产品价格不变（相应提高了以外来企业国家货币计量的价格水平），从而可以增加外来企业的利润（以外来企业国家货币计量），此时表现出较低的汇率传递效应或无汇率传递效应；相反，如果此时本国货币贬值，外来企业随之提高产品的价格以保持原有利润（以外来企业国家货币计量），此时表现出较高的汇率传递效应。从上述分析不难看出，对于具有一定垄断程度的市场而言，外来企业在本国货币升值和贬值时表现出汇率传递效应的非对称性，本国货币贬值对进口价格的传递效应大于升值对进口价格的影响。

（三）研究进展评述

综上分析不难发现，首先，国内外有关汇率传递的研究，主要集中于国家、行业以及产品三个层面的分析，鲜有文献从省际层面分析汇率传递效应的大小。国外方面，目前仅有少量文献从一个国家的不同港口入手来研究该类问题（Yoshida，2010）；国内方面，从省际层面分析仅限于徐奇渊（2012）。其次，基本没有文献从非对称性视角研究省际人民币汇率传递效应大小以及原因。近年来，人民币汇率步入有升有贬新常态，因而基于非对称性视角研究汇率传递可以更加充分地揭示汇率传递效应的真实大小。最后，已有研究普遍没有考虑"一带一路"倡议对汇率传递效应的影响。如前文所述，"一带一路"倡议改变了各省的主要贸易伙伴，基于各省主要贸易伙伴的动态变化编制省际名义有效汇率指标，研究省际汇率传递效应可能存在的异质性，理应成为重要的研究议题。

三、模型及数据

（一）理论机制与计量模型

关于汇率传递非对称理论机制，前文已详细阐述，在此不再赘述。本章同样借鉴 Ghosh 和 Rajan（2009）以及 Pollard 和 Coughlin（2004）的建模方法，同时考虑到解释变量的时滞效应和进口价格可能存在的滞后性，在控制变量中增加进口价格的滞后期，建立如下省际进口价格汇率传递模型：

$$mp_{i,t} = \alpha_i + \beta_1 mp_{i,t-1} + \beta_2 mp_{i,t-2} + \sum_{j=0}^{n} a_j er_{i,t-j} + \sum_{j=0}^{n} b_j w_{i,t-j} + \sum_{j=0}^{n} c_j gdp_{i,t-j}$$

$$+ \sum_{j=0}^{n} d_j ppi_{i,t-j} + \varepsilon_{i,t} \tag{6-1}$$

以上变量形式均为取对数一阶差分之后的数值。其中，mp 表示省际进口价格指数，er 表示省际名义有效汇率，w 表示各省进口边际成本，gdp 表示各省地区生产总值，ppi 表示各省替代品价格。

式（6-1）并没有考虑汇率升值和贬值对于进口价格传递可能存在的非对称性，本章借鉴（Coughlin 和 Pollard，2004）的做法，用虚拟变量的形式来表示汇率的升值和贬值：

$$A_t = \begin{cases} 1 & \Delta \ln er_t > 0 \\ 0 & \text{其他} \end{cases} \qquad D_t = \begin{cases} 1 & \Delta \ln er_t < 0 \\ 0 & \text{其他} \end{cases} \qquad (6-2)$$

因此，在考虑汇率的升值和贬值后，式（6-2）转变为

$$mp_{i,t} = \alpha_i + \beta_1 mp_{i,t-1} + \beta_2 mp_{i,t-2} + \sum_{j=0}^{n} a_{j,A} A_{t-j} er_{i,t-j} + \sum_{j=0}^{n} a_{j,D} D_{t-j} er_{i,t-j} + \sum_{j=0}^{n} b_j w_{i,t-j}$$

$$+ \sum_{j=0}^{n} c_j gdp_{i,t-j} + \sum_{j=0}^{n} d_j ppi_{i,t-j} + \varepsilon_{i,t} \qquad (6-3)$$

（二）数据来源及变量处理

与以往研究汇率传递的相关文献不同的是，本章自行编制了省际名义有效汇率指标，并且本章编制的省际名义有效汇率指标，不再基于全国层面主要贸易伙伴的双边汇率进行贸易加权得到，而是考虑到每个省进口贸易伙伴存在的差异性，首先得到每个省的主要贸易伙伴，再进行贸易加权，得到每个省的名义有效汇率。虽然本章涉及的变量不多，但变量处理过程较为复杂，变量及数据处理过程如表6-1所示。样本跨度为2005年第一季度至2018年第一季度，共53个季度。

表 6-1 数据来源及变量处理说明

变量	变量含义	变量处理及数据来源
mp	省际进口价格指数	我国没有公布各省进口价格指数，本章将采用如下方法来编制各省进口价格指数：从国研网海关数据库获得各省从主要贸易伙伴进口的贸易额，BvD 以及 IMF 各国宏观经济数据库公布了世界主要经济体的出口价格指数（为定基比数据）。借鉴陈六傅和刘厚俊（2007）以及曹伟和倪克勤（2010）的编制方法，我们将各主要经济体的出口价格指数加权平均得到各省的进口价格指数。其权重为每个经济体出口到我国某个省份的贸易额与所有主要经济体出口至该省份的贸易总额之比。最终数据为定基比数据
er	省际名义有效汇率	根据各省主要贸易伙伴的货币与美元的双边汇率以及人民币与美元的双边汇率，换算得到人民币与这些国家或地区货币的汇率，同时将贸易对象国的汇率指数化（2010=100），并经过加权处理得到各省名义有效汇率指数。其中，权重为各省主要贸易伙伴出口至各省的贸易额除以所有主要贸易伙伴出口至各省的贸易总额得到。汇率数据来源于 BvD country data，各省从主要贸易伙伴的进口数据通过国研网海关数据库获得
w	各省进口边际成本	本书将各省主要贸易伙伴 PPI 加权处理，作为各省进口边际成本的替代变量。对我国各省份的主要贸易伙伴的 PPI 进行加权处理得到各省的进口边际成本。权重的计算方法与省际进口价格处理方法一致。各省主要贸易伙伴的生产者价格指数来自 BvD 各国宏观经济数据库（为定基比数据），最终数据为定基比数据
gdp	各省地区生产总值	各省地区生产总值原始数据来自中经网统计数据库
ppi	各省替代品价格	替代品价格以各省生产者价格指数作为替代变量。各省生产者价格指数原始同比以及环比数据来自中经网统计数据库，最终数据为定基比数据

在以上数据处理过程中，需要反复用到各省主要贸易伙伴及其每个季度的贸易占比。我们通过国研网海关数据库获得各省分国别（地区）的进口金额数据。在编制省际进口价格、名义有效汇率和各省进口边

际成本指数时，对各省主要贸易伙伴的选择采用了如下方法：将每个省每个季度从所有贸易伙伴进口金额数据从大到小排序，计算得到每个省每个季度从各个贸易伙伴进口金额与该季度进口总额之比，将占比相加，以累计超过 95% 为限（没有以 100% 作为标准，是因为从大到小排序后，一些国家的占比较低，将其剔除），分别得到每个省每个季度的主要贸易伙伴。之后，以各省每个季度的主要贸易伙伴为基础，计算每个省每个季度的贸易占比权重，并进一步计算每个省的进口价格指数、名义有效汇率以及进口边际成本。这一做法考虑了每个省每个季度贸易伙伴的时变特征，更加符合实际情况。

四、人民币汇率传递的非对称效应：基于省际层面的分析

（一）面板数据平稳性检验

在实证分析之前，我们需要对面板数据的平稳性进行检验。从稳健性角度考虑，本书进行滞后两阶的单位根检验，采用 Xtfishier、LLC、IPS 三种方法。三种方法的结论均表明，进口价格、省际名义有效汇率、进口边际成本、各省地区生产总值以及各省 PPI 五个变量取对数一阶差分后均为平稳序列。简单起见，变量对数符号省略，并统一用小写字母表示（见表 6-2）。

表 6-2　面板数据单位根检验结果

变量	LLC	Xtfishier	IPS
mp	−23.6180***(0.0000)	723.7973***(0.0000)	−37.2055***(0.0000)
er	−25.6591***(0.0000)	534.1177***(0.0000)	−23.0328***(0.0000)
w	−33.3242***(0.0000)	867.0054***(0.0000)	−40.5215***(0.0000)
gdp	−47.2541***(0.0000)	1165.6377***(0.0000)	−49.3792***(0.0000)
ppi	−18.4493***(0.0000)	723.4816***(0.0000)	−27.9979***(0.0000)

注：括号中报告的是 p 值，*、**、*** 分别表示显著性水平为 0.1、0.05、0.01。

（二）模型滞后阶数选取

为合理选取模型的滞后阶数，我们将外生变量最高滞后阶数设定为 8，通过 OLS 线性回归进行估计，同时根据 AIC 以及 BIC 信息准则选取最佳滞后阶数，结果如表 6-3 所示。

表 6-3   进口价格模型最优滞后阶数选择结果

信息准则	1	2	3	4	5	6	7	8
AIC	−5974.612	−6037.256	−5953.176	−5838.924	−5719.773	−5595.784	−5460.724	−5336.342
BIC	−5915.806	−5957.066	−5851.985	−5716.905	−5577.101	−5432.643	−5277.301	−5132.833

由表 6-3 可知，当所有外生变量的滞后阶数为 2 时，AIC 以及 BIC 的结果最小，因此，我们最后将进口价格模型外生变量的滞后阶数选择为 2 期。

（三）汇率变动对进口价格的传递效应实证分析：全样本和分样本

本书基于前文提到的式（6-9）和式（6-11）进行实证研究。由于解释变量中加入了被解释变量的滞后项，因此构成了动态面板模型。对动态面板模型进行估计的方法主要有工具变量估计法、差分 GMM 方法和系统 GMM 方法。系统 GMM 方法充分利用了差分方程和水平方程的信息，相比前两种方法更为有效。因此，本书主要采用系统 GMM 方法对模型进行估计。系统 GMM 方法又分为一步法（one-step）和两步法（two-step），两步法系统 GMM 估计相比一步法系统 GMM 估计而言，较不容易受到异方差的干扰，但是在有限样本下，由两步法估计得到的标准误存在向下偏误，对此，本书采用 Windmeijer（2005）的方法对两步法系统 GMM 的标准误进行调整。为了检验模型设定是否合理，模型的残差项要求不存在二阶自相关，为此，我们采用 Arellano-Bond 检验方法来检验，如果不能拒绝原假设，则表示模型的残差项不存在二阶自相关，说明模型设定是合理的。模型采用的工具变量为被解释变量 mp 的滞后期，为了检验工具变量的有效性，本书采用 Hansen 过度识别检验来判断模型是否存在过度识别，如果不能拒绝原假设，说明工具变量是有效的，不存在过度识别问题。根据 Roodman（2008）的研究，在样本量偏小的情况下，过多的工具变量会导致两步法系统 GMM 的标准误向下偏误以及 Hansen 检验的失效等问题。参考 Roodman（2008）的做法，本书通过 Collapse 方法和限定工具变量的滞后阶数来控制工具变量的数量。作为对照，本书还报告了 Thompson（2011）稳健标准误的估计结果 [①]。从表 6-4 的检验结果可以看出，Hansen 检验的 p 值都大于 0.1，说明本书选择的工具变量是有效的；Arellano-Bond AR（2）检验的 p 值均大于 0.1，这意味着模型的残差项不存在二阶自相关，说明本书回归模型的设定是合理的。

表 6-4　汇率变动对进口价格的传递效应：整体层面的分析

变量	Thompson 稳健标准误估计结果				系统 GMM 估计结果			
	系数	t 值	系数	t 值	系数	t 值	系数	t 值
$mp(-1)$	−0.153***	−3.06	−0.155***	−3.11	−0.0607	−1.20	−0.0461	−0.79
$mp(-2)$	−0.128***	−3.40	−0.130***	−3.43	−0.0508	−1.39	−0.0392	−0.92
er	0.0068*	1.84			0.0120*	1.79		
$er(-1)$	−0.0046*	−1.70			−0.001	−0.26		
$er(-2)$	0.0022	1.23			0.0049*	1.82		

① 在不存在内生性的情况下，随机效应或固定效应模型的估计应该是无偏的，但误差会在各省或不同时点存在序列相关性而使误差方差无法准确估计。Tomphson（2011）的稳健方差考虑了误差序列在省际、不同时间的相关性都存在且有交互的情形，因此是相比以往研究常用的 White 或 Newey–West 稳健标准误更加保守的误差方差估计方法。

续表

变量	Thompson 稳健标准误估计结果				系统 GMM 估计结果			
	系数	t 值	系数	t 值	系数	t 值	系数	t 值
$A \times er$			0.0033	0.62			0.0058	1.07
$A(-1) \times er(-1)$			−0.0061	−1.43			0.0014	0.25
$A(-2) \times er(-2)$			0.0035	1.23			0.0084	1.49
$D \times er$			0.0158**	2.44			0.0272***	3.40
$D(-1) \times er(-1)$			0.0008	0.31			0.0049	0.93
$D(-2) \times er(-2)$			0.0055**	2.10			0.008*	1.85
w	0.206**	2.46	0.201**	2.37	0.130	1.55	0.154	1.67
$w(-1)$	0.272***	2.91	0.266***	2.86	0.200**	2.07	0.225**	2.22
$w(-2)$	0.0661**	2.06	0.0625*	1.92	0.0192	0.40	0.0079	0.14
gdp	0.0674**	2.52	0.0670**	2.53	0.0689**	2.44	0.0700**	2.09
$gdp(-1)$	0.0232	1.07	0.0231	1.08	0.0251	1.14	0.0280	1.09
$gdp(-2)$	0.0149	1.14	0.0152	1.19	0.0124	0.80	0.0144	0.85
ppi	0.769***	6.68	0.768***	6.75	0.719***	6.51	0.700***	6.53
$ppi(-1)$	0.222***	2.80	0.226***	2.81	0.208*	1.95	0.187*	1.72
$ppi(-2)$	0.298***	3.32	0.297***	3.30	0.156**	2.10	0.126	1.60
N	1550		1550		1550		1550	
AR(1)p 值					0.00141		0.00135	
AR(2)p 值					0.698		0.652	
Hansen p 值					0.179		0.118	

注：第 1 列和第 5 列报告的是方程（9）的回归结果，第 3 列和第 7 列报告的是方程（11）的回归结果。表中报告了系数、t 值以及回归观测数和 GMM 有关的检验结果。* 表示 $p < 0.1$，** 表示 $p < 0.05$，*** 表示 $p < 0.01$，下表同。

当不考虑汇率的升值与贬值时，结果如表 6-4 的第 1 列和第 5 列所示。考虑了汇率的升值与贬值之后，结果如第 3 列与第 7 列所示。

对比发现，人民币汇率的升值与贬值确实会对进口价格产生非对称的影响。汇率贬值会对进口价格产生显著影响，但系数很小。具体而言，当期汇率每贬值1个百分点，当期的进口价格会上升0.02720个百分点。然而，汇率升值并不会对进口价格产生显著影响。

全样本的分析可能掩盖了不同省份汇率传递存在的异质效应，因此，我们有必要考察每个省份的汇率传递效应以揭示各省汇率传递的异质性。我们使用 OLS 方法对模型进行估计，同时使用 Newey-West 方法对可能存在的异方差和自相关进行调整。我们对各省汇率传递效应系数进行整理，将不显著项的结果设定为零，画出了各省汇率升值和贬值对进口价格传递影响的柱状图（见图 6-1）。

从分省结果来看，如图 6-1 所示，各省汇率传递效应普遍存在非对称特征。整体而言，大部分省份人民币汇率升值的传递效应（进口价格下降）大于贬值：安徽、北京、甘肃、河南、黑龙江、吉林、江苏、江西、内蒙古、陕西、上海、四川、天津以及西藏 14 个省（自治区、直辖市）。贬值使进口反而进一步下降的省份有吉林、辽宁、宁夏、青海、陕西以及浙江（系数很小）。基于前文的理论分析可知，外国出口企业在这些省份可能以扩大市场份额为目的，符合市场份额说。贬值（进口价格上升）大于升值传递效应的省（自治区、直辖市）有内蒙古、山西、云南以及重庆。升值使进口价格反而上升的省份有广东、湖南、湖北、辽宁、山东。依据前文的理论分析，以上省份汇率传递非对称效应符合市场垄断说。

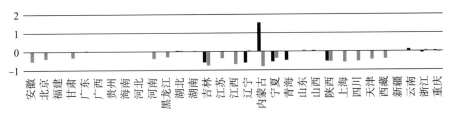

图 6-1 省际人民币升值和贬值对进口价格的传递效应大小

由于各省的汇率以及进口价格没有经过标准化处理,不能直接进行比较,因此我们将汇率以及进口价格标准化之后再进行回归,结果如图6-2所示。从实证结果可以发现,汇率传递具有省际异质性特征。

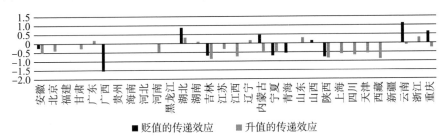

图 6-2 省际人民币升值和贬值对进口价格的传递效应大小(标准化处理)

第一,整体来看,西部省份的汇率传递效应普遍大于沿海地区。宁夏、青海、广西以及陕西等西部地区的汇率传递效应普遍大于广东、浙江、上海等沿海地区。这一结论符合我们的基本判断,一般来说,经济越发达的地区,进口市场竞争程度越高,面临汇率的变动,外国出口企业更可能自身吸收汇率变动对产品价格的影响,以保持以人民币计价的产品价格基本不变或小幅改变,进而可以维持原有的市场份额,因而汇率传递效应较小。经济欠发达的地区,市场竞争程度不高,目的国市场的消费者没有太多的替代性选择,产品的需求价格弹性较小,面对汇率的波动,外国出口企业有能力将汇率变动的影响传递给消费者，即具有较高的汇率传递效应。

第二，从汇率传递效应的非对称性特征来看，其具有一定的区域特征，在珠三角地区、长江流域地区或与之相邻的地区，人民币贬值的传递效应大于升值，或者升值反而促使企业进一步提升进口价格（以人民币计价），典型代表为广东省、湖南省、重庆市。具体而言，对于广东、中部地区的湖南湖北而言，汇率传递效应符合市场垄断说（外来企业具有垄断定价权）。人民币升值反而使广东的进口价格出现了小幅上升，说明外国企业在广东进口市场具有一定的垄断定价权，湖南、湖北的汇率传递效应同样具有类似的特点。对西部地区的云南、重庆而言，人民币贬值将大幅提高进口价格水平，汇率传递效应特点与上述分析基本一致。不过，需要指出的是，山东、辽宁不属于长江流域地区，但汇率传递特征与以上地区具有一定的相似性。

第三，除第二点涉及的省份之外，其他省份的汇率传递效应基本表现为升值大于贬值，即符合市场份额说，说明在中国各省进口市场中，外国出口企业在绝大部分省份采取了以占据市场份额为目标的定价策略。

五、进口产品结构与汇率传递效应：对省际汇率传递效应异质性的解释

依据前文的理论分析，对于不同类型的产品，成本加成 V^a 是不同的，因而外国企业的出口定价对汇率变动的敏感程度也是不同的，即汇率传递存在异质性。对此，在实证分析中，我们考察不同省份进口产品结构不同可能导致的汇率传递效应的异质性。

事实上，通过梳理文献我们发现，对于汇率传递效应（非对称）

大小的解释，早期研究主要从贸易企业外部环境着手来分析汇率传递的宏观和微观影响成因。无论是通货膨胀环境、对外开放程度等宏观因素，还是市场结构、价格歧视等微观因素，都可以归类于外部原因。近年来，从企业本身（如企业业绩表现、企业生产率的不同）以及产品本身的属性（产品构成）来探讨汇率传递大小成因，成为新的理论研究方向（Melitz 和 Ottaviano，2008；Berman 等，2012；Chen 和 Juvenal，2016）。此外，根据已有研究成果（Frankel 等，2005；曹伟和倪克勤，2010），我们认为，考虑到各省汇率传递的宏观影响因素（通货膨胀水平、汇率波动率等）差别较小，各省汇率传递效应存在异质性可能与进口产品不同（表现为产品结构存在差别）有关系。

对此，我们在式（6-1）的基础上，加入各省进口贸易结构指标，将汇率与进口贸易结构的交互项进行回归。对于贸易结构的划分，我们借鉴联合国商品贸易统计数据库（UN Comtrade）中标准的国际贸易分类第四版（SITC，Rev 4），将产品划分为十个类别，其中SITC0-SITC4 为初级产品，STIC5 和 SITC7 为资本密集型产品，STIC6、SITC8 和 SITC9 为劳动密集型产品。同时，我们通过联合国商品贸易统计数据库将 HS 分类转化为 SITC 分类，具体分类结果如表6-5所示。

表6-5　HS 行业类别与 SITC 行业类别的对应

HS 分类（章）	SITC 分类
1, 2, 3, 4, 5, 6, 7, 8, 9, 10, 11, 12, 13, 14, 15, 16, 17, 18, 19, 20, 21, 22, 23, 24, 25, 26, 27, 47	初级产品

续表

HS 分类（章）	SITC 分类
37，40，41，42，43，44，45，46，48，49，50，51，52，53，54，55，56，57，58，59，60，61，62，63，64，65，66，67，68，69，70，71，72，73，74，75，76，78，79，80，81，82，83，90，91，92，93，94，95，96，97，98	劳动密集型产品
28，29，30，31，32，33，34，35，36，38，39，84，85，86，87，88，89	资本密集型产品

表 6-6 的结果显示，系统 GMM 估计与 Thompson 稳健标准误估计的结果较为接近，说明实证结果具有稳健性。从结果中我们发现，当单独考虑每一种产业结构与汇率升值、贬值的交互时，结果都不显著。现实情况是，各省的进口往往既包括初始产品，也包括劳动密集型产品与资本密集型产品，因此我们最后将三种进口产品类型与汇率全部交互进行回归。由于初始产品、劳动密集型产品以及资本密集型产品三者各自的占比之和等于 1，我们将汇率升值与贬值的当期值去除，以免造成多重共线性。回归结果显示，汇率贬值与资本密集型产品进口占比的交互项显著为正。以系统 GMM 估计结果为例，$D \times er \times capital$ 的回归系数为 2.175，该系数的经济含义为，进口资本密集型产品的占比对贬值的汇率传递效应有显著的影响，假设平均的资本密集型产品进口占比由 10% 增加至 20%，那么人民币贬值 1 个百分点导致的进口价格增幅将由 0.2175 个百分点增加至 0.435 个百分点。$A \times er \times capital$ 的回归系数为 0.726，且不显著。以上分析说明，考虑进口产品结构后，人民币汇率贬值对各省进口价格的传递效应大于升值，并且资本密集型产品进口占比越高的省份，汇率传递的非对称性越明显。结论与现

实比较吻合，目前中国大部分资本密集型产品的进口主要来源于欧美
以及日本等发达国家，这些国家在资本密集型产品的价格上具有一定
的垄断地位。

表6-6 考虑进口贸易结构后汇率变动对进口价格的传递效应：整体层面的分析

Panel A	系统 GMM 估计结果							
	资本密集型产品		劳动密集型产品		初始产品		全部	
变量	系数	t 值	系数	t 值	系数	t 值	系数	t 值
$A \times er \times capital$	−0.0332	−1.09					0.726	0.62
$D \times er \times capital$	0.0376	0.39					2.175**	2.09
$A \times er \times labor$			0.0047	0.06			−1.541	−0.89
$D \times er \times labor$			0.208	0.16			−4.298	−1.02
$A \times er \times raw$					0.0100	0.52	0.0518	0.15
$D \times er \times raw$					−0.0148	−0.12	−0.512	−0.31
$A \times er$	0.0193*	1.77	0.0025	0.13	0.0026	0.26		
$A(-1) \times er(-1)$	−0.0007	−0.09	0.0010	0.14	0.0006	0.07	−0.0434	−0.48
$A(-2) \times er(-2)$	0.0076	1.31	0.0088	0.61	0.0080	1.39	0.0267	0.30
$D \times er$	0.0046	0.07	−0.0104	−0.05	0.0313	1.12		
$D(-1) \times er(-1)$	0.0055	1.08	0.0058	0.49	0.0061	1.19	0.0815	0.88
$D(-2) \times er(-2)$	0.0078*	1.94	0.0061	1.30	0.0080*	2.00	0.0567**	2.09
N	1550		1550		1550		1550	
AR(1)p 值	0.00140		0.00180		0.00146		0.0504	
AR(2)p 值	0.773		0.664		0.767		0.127	
Hansen p 值	0.248		0.299		0.248		0.629	

Panel B	Thompson 稳健标准误估计结果							
	资本密集型产品		劳动密集型产品		初始产品		全部	
变量	系数	t 值	系数	t 值	系数	t 值	系数	t 值
$A \times er \times capital$	−0.0216	−1.56					−0.0195	−0.68
$D \times er \times capital$	0.0110	0.33					0.0353**	2.55
$A \times er \times labor$			0.0025	0.06			0.0311	0.73

续表

Panel B	Thompson 稳健标准误估计结果							
	资本密集型产品		劳动密集型产品		初始产品		全部	
变量	系数	t 值	系数	t 值	系数	t 值	系数	t 值
$D \times er \times labor$			−0.114	−1.22			−0.0787	−0.98
$A \times er \times raw$					0.0108	0.98	0.0084	0.81
$D \times er \times raw$					0.0043	0.12	0.0383	0.96
$A \times er$	0.0112*	1.85	0.0028	0.21	−0.0011	−0.18		
$A(-1) \times er(-1)$	−0.0063	−1.29	−0.0065	−1.54	−0.0057	−1.21	−0.0064	−1.29
$A(-2) \times er(-2)$	0.0036	1.29	0.0025	1.00	0.0038	1.41	0.0026	1.02
$D \times er$	0.0094	0.39	0.0359***	2.63	0.0150*	1.83		
$D(-1) \times er(-1)$	0.0006	0.22	−1.36E−05	−0.01	0.0008	0.28	−0.0003	−0.14
$D(-2) \times er(-2)$	0.0052*	1.95	0.0056**	2.19	0.0054**	2.05	0.0052**	1.98
N	1550		1550		1550		1550	

注：capital 表示资本密集型产品进口占比，labor 表示劳动密集型产品进口占比，raw 表示初始产品进口占比，下表同。由于篇幅原因，本书只报告了主要变量的回归结果，其余变量没有报告。如有需要，请向作者索取。

实证结果在一定程度上可以说明，整体而言，外国出口企业在我国各省的资本密集型产品进口市场普遍具有垄断定价权。结合求导后的分省份数据①我们还发现，资本占比越高的省份，贬值的汇率传递效应越大，即贬值后进口价格上升，外国出口企业在该市场就有定价权，换句话说，该省大致具有人民币贬值的传递效应大于升值的特征。前文的研究表明，人民币贬值的传递效应大于升值，或者升值反而促使企业进一步提升进口价格（以人民币计价），典型代表为广东省和重庆市。通过计算各地资本密集型产品占比（与该区进口贸易总量相比）我们发现，广东省和重庆市的占比，2017 年第一季度至 2018 年第一

——————————

① 各省汇率贬值的 erpt＝2.175× 各省资本密集型产品进口占比。

季度五个季度平均占比分别为 60.42% 和 73.80%,说明资本密集型进口占比很高,数据支持了本书的研究结论。该部分的研究,一定程度上解释了为何汇率传递存在省际异质性。

六、"一带一路"倡议对人民币汇率传递效应的影响:基于双重差分法(DID)

"一带一路"倡议提出后,各省主要进口贸易伙伴发生了较大变化,不少"一带一路"沿线国家成为许多省份(特别是边疆省份)重要的贸易伙伴,我们在此基础上编制了省际人民币名义有效汇率。与以往的研究有所不同的是,本书的研究变量的设定,考虑了"一带一路"沿线国家。接下来,本书将研究"一带一路"倡议对人民币汇率传递效应非对称的影响。同时,考虑到"一带一路"倡议实施后,各省可能加大从"一带一路"沿线国家进口初级产品和劳动密集型产品的力度,因而进口贸易结构可能会有一定的变化。鉴于此,本书在前文研究的基础上,还将"一带一路"倡议与进口贸易结构纳入研究框架,综合分析。

鉴于篇幅原因,我们仅给出了北京、宁夏以及广西三个地区初始产品、劳动密集型产品、资本密集型产品以及与"一带一路"沿线国家的贸易占比时间序列图(见图6-3)。图中黑色的竖线代表"一带一路"倡议的实施时间(2014年第一季度,由于"一带一路"倡议真正实施是在2014年的《政府工作报告》发布之后,故设定为2014年第一季度),我们可以发现,三个地区的初始产品以及劳动密集型产品的进口占比随各地与"一带一路"沿线国家贸易占比的增大而增大。

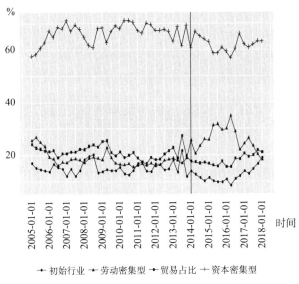

初始行业 劳动密集型 贸易占比 资本密集型

（a）北京各行业进口占比与"一带一路"贸易占比

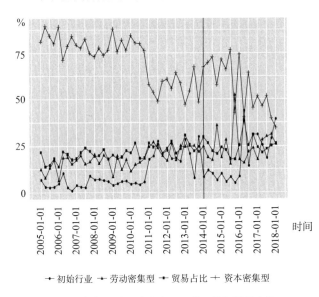

初始行业 劳动密集型 贸易占比 资本密集型

（b）宁夏各行业进口占比与"一带一路"贸易占比

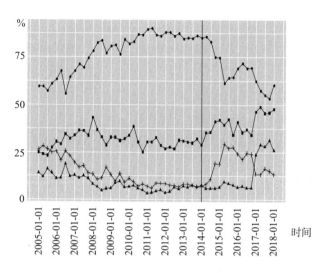

（c）广西各行业进口占比与"一带一路"贸易占比

→ 初始行业 → 劳动密集型 → 贸易占比 + 资本密集型

**图6-3 北京、宁夏、广西各类型产业进口占比、与"一带一路"
沿线国家贸易占比趋势**

（一）汇率、进口贸易结构与"一带一路"倡议交互分析

承接上文，我们实证分析"一带一路"倡议可能对进口贸易结构进而对汇率传递非对称性效应产生的影响。回归结果如表6-7所示。

表6-7 考虑进口贸易结构后汇率变动对进口价格的传递效应："一带一路"视角

变量	Thompson 稳健标准误估计结果		系统 GMM 估计结果	
	系数	t 值	系数	t 值
$A \times er \times capital$	−0.336	−1.60	−0.526	−0.34
$D \times er \times capital$	−0.0559	−0.24	−2.873	−1.67
$A \times er \times labor$	0.204	0.77	0.460	0.19
$D \times er \times labor$	−0.447	−1.52	8.351[**]	2.22
$A \times er \times raw$	−0.0113	−0.14	−0.0738	−0.11
$D \times er \times raw$	0.186[**]	2.32	−1.716[**]	−2.47

续表

变量	Thompson 稳健标准误估计结果		系统 GMM 估计结果	
	系数	t 值	系数	t 值
$A \times er \times rb \times capital$	0.315	1.49	0.525	0.31
$D \times er \times rb \times capital$	0.0843	0.35	2.903	1.69
$A \times er \times rb \times labor$	−0.167	−0.62	−0.461	−0.17
$D \times er \times rb \times labor$	0.411	1.40	−8.406**	−2.25
$A \times er \times rb \times raw$	0.0207	0.24	0.0901	0.13
$D \times er \times rb \times raw$	−0.156	−1.60	1.812**	2.62
$A(-1) \times er(-1)$	−0.0054	−1.12	0.0054	0.76
$A(-2) \times er(-2)$	0.0028	0.97	0.0085	0.73
$D(-1) \times er(-1)$	−0.0003	−0.12	0.0026	0.15
$D(-2) \times er(-2)$	0.0053*	1.91	0.0068*	1.76
N	1550		1550	
AR(1) p 值				0.000406
AR(2) p 值				0.907
Hansen p 值				0.131

注：rb 表示"一带一路"倡议的实施时间，下同。其余变量含义与前文一致。

表 6-7 中的 GMM 估计结果显示，在"一带一路"倡议实施之前，$D \times er \times labor$ 显著为正，通过求导得到的汇率传递系数为 8.351 乘以劳动密集型产品占比；$D \times er \times rb \times labor$ 系数显著为负，通过求导得到的汇率传递系数为 −8.406 乘以劳动密集型产品占比。以上两个系数表明，"一带一路"倡议实施前后，进口劳动密集型产品比例变化对贬值的汇率传递的影响发生了显著改变。具体而言，假设劳动密集型产品的进口比例是 50%，"一带一路"倡议实施前，人民币贬值 1%，进口价格将上升 8.351×0.5%=4.176%，而"一带一路"倡议实施后，

贬值 1% 使进口价格反而小幅下降（8.406-8.351）×0.5%。简而言之，
"一带一路"倡议实施前，随着劳动密集型产品进口占比的上升，人
民币贬值使我国的进口价格大幅上升，但"一带一路"倡议实施后，
随着劳动密集型产品进口占比的上升，人民币贬值反而使进口价格微
幅下降，这很可能是因为"一带一路"倡议的实施提高了中国在劳动
密集型产品进口市场中的定价权。

遵循同样的分析逻辑，我们发现，"一带一路"倡议实施后，随
着初级产品进口占比的上升，人民币贬值将使整体进口价格小幅上升
（1.812 与 1.716 之差乘以初级产品进口占比），由于各省初级产品进
口占比不高，汇率传递系数很小。由此可以认为，中国对初级产品的
进口定价权有所减弱，这可能与"一带一路"倡议实施之后原油类进
口产品（长期以来，我国缺少定价权）占比增加有关。我们选取山东、
内蒙古以及云南三个地区的原油类进口产品占比数据进行分析，发现
在"一带一路"倡议实施以后，以上三个地区的原油进口呈现明显的
上升趋势，其余省份也有相类似的情况（见图 6-4），这也进一步证
明了我们之前的猜测，中国在初级产品进口上的定价权的减弱与我国
加大了从"一带一路"沿线国家进口原油的力度有关。

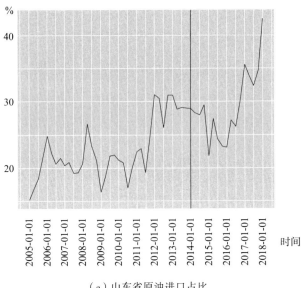

（a）山东省原油进口占比

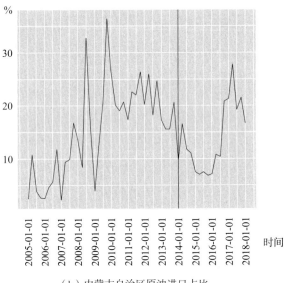

（b）内蒙古自治区原油进口占比

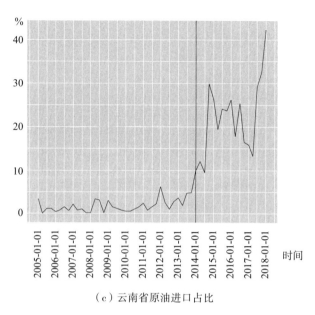

（c）云南省原油进口占比

图6-4 山东、内蒙古、云南原油进口占比趋势

此外，资本密集型产品的进口占比对汇率传递效应没有太大的变化，可能的原因是，中国从"一带一路"沿线国家进口的大部分为劳动密集型产品，随着"一带一路"倡议的实施，沿线国家为争夺对中国劳动密集型产品的出口而展开竞争，导致中国对劳动密集型产品的定价权上升。但是，对于资本密集型产品，中国主要依赖传统的贸易伙伴，比如欧美与日本，因此资本密集型产品的进口，没有因为"一带一路"倡议的实施而对汇率传递产生显著影响。

（二）DID分析："一带一路"倡议的影响

我们将各省（自治区、直辖市，下同）与"一带一路"沿线国家的进出口贸易额与该省贸易总额之比分别设定40%、50%以及60%三个分位点，设置虚拟变量*percent*，当与沿线国家的贸易占比大于分位点时，取值为1；小于分位点时，取值为0。同时，设定时间虚拟变量

rb（代表"一带一路"倡议的实施时间，我们将 2014 年第一季度及其
之后的季度设定为 1，其余为 0），将汇率、贸易占比虚拟变量交互回
归，结果如表 6-8 所示。

表 6-8 "一带一路"倡议的双重差分回归结果

Panel A	系统 GMM 估计结果					
	40%		50%		60%	
变量	系数	*t* 值	系数	*t* 值	系数	*t* 值
$A \times er \times rb$	0.306*	2.01	0.296*	1.96	0.284**	2.39
$D \times er \times rb$	−0.0751	−0.29	−0.453	−0.83	−0.413	−0.95
$A \times er \times percent$	0.331**	2.08	0.310**	2.07	0.293**	2.51
$A \times er \times rb \times percent$	−0.305*	−2.00	−0.291*	−1.94	−0.280**	−2.36
$D \times er \times percent$	−0.0654	−0.29	−0.458	−0.89	−0.437	−1.04
$D \times er \times rb \times percent$	0.103	0.38	0.481	0.90	0.441	1.03
$A \times er$	−0.327**	−2.05	−0.306*	−2.03	−0.288**	−2.45
$A(-1) \times er(-1)$	0.0004	0.06	−0.0026	−0.38	−0.0004	−0.06
$A(-2) \times er(-2)$	0.0083	1.60	0.0046	0.70	0.0078	1.45
$D \times er$	0.0658	0.30	0.455	0.86	0.436	1.01
$D(-1) \times er(-1)$	0.0044	0.85	0.0038	0.81	0.0054	0.88
$D(-2) \times er(-2)$	0.0065	1.48	0.0107*	1.95	0.0107*	1.94
N	1550		1550		1550	
AR(1) *p* 值	0.00111		0.000426		0.000402	
AR(2) *p* 值	0.748		0.527		0.468	
Hansen *p* 值	0.183		0.153		0.183	

续表

Panel B	Thompson 稳健标准误					
	40%		50%		60%	
变量	系数	t 值	系数	t 值	系数	t 值
$A \times er \times rb$	0.163	1.65	0.156**	1.96	0.157*	1.96
$D \times er \times rb$	−0.016	−0.11	0.048	0.40	0.048	0.43
$A \times er \times percent$	0.181**	2.18	0.169**	2.18	0.162**	2.11
$A \times er \times rb \times percent$	−0.160*	−1.65	−0.151**	−1.98	−0.152**	−2.01
$D \times er \times percent$	0.017	0.14	0.032	0.29	0.036	0.33
$D \times er \times rb \times percent$	0.040	0.29	−0.028	−0.25	−0.026	−0.24
$A \times er$	−0.179**	−2.13	−0.167**	−2.10	−0.159**	−2.01
$A(-1) \times er(-1)$	−0.007	−1.62	−0.007	−1.55	−0.006	−1.24
$A(-2) \times er(-2)$	0.004	1.36	0.003	1.10	0.002	1.02
$D \times er$	−0.024	−0.19	−0.035	−0.31	−0.036	−0.32
$D(-1) \times er(-1)$	0.001	0.45	0.001	0.47	0.001	0.26
$D(-2) \times er(-2)$	0.005**	2.00	0.006**	2.22	0.006**	2.27
N	1550		1550		1550	

为解释"一带一路"倡议实施效果的双重差分结果，我们用各省与"一带一路"沿线国家贸易额占比的中位数为临界值的例子（50%）进行说明，如表 6-8 所示，$A \times er \times rb \times percent$ 为 −0.291 且通过显著性检验，说明受"一带一路"影响大的省份在人民币升值后进口价格下降幅度比受"一带一路"影响小的省份更大，而贬值的回归系数并不显著。研究表明，在"一带一路"倡议实施之后，假如特定省份与"一带一路"沿线国家的贸易往来越紧密，那么在人民币汇率上升时，

该省对于进口产品就越有定价权。可能的原因是，随着"一带一路"
倡议的推进，中国与沿线国家的贸易往来越发紧密，中国对于传统贸
易伙伴，比如欧美、日本的产品进口依赖程度有所下降，一定程度上
可以理解为"一带一路"沿线国家与中国传统的贸易伙伴之间存在竞
争关系，并且这一竞争关系随着中国与沿线国家双边贸易往来的密切
而越发激烈，因此，中国很可能在"一带一路"倡议中获得更大的进
口产品定价权。

为了检验根据分位点设定贸易占比虚拟变量这一做法的合理性，
我们最后直接使用各省与"一带一路"沿线国家的贸易占比原始数据
进行回归，结果如表 6-9 所示，说明上述分析是稳健的。

表6-9 汇率、"一带一路"倡议以及各省与"一带一路"贸易占比交互结果

变量	Thompson 稳健标准误估计结果		系统 GMM 估计结果	
	系数	t 值	系数	t 值
$A \times er \times rb$	0.228***	3.75	1.304	1.41
$A \times er \times tradeper$	0.300**	2.38	1.570	0.79
$A \times er \times rb \times tradeper$	−0.538***	−3.85	−3.555*	−1.74
$D \times er \times rb$	−0.0980	−0.58	1.636	0.93
$D \times er \times tradeper$	−0.130	−0.40	2.473	0.83
$D \times er \times rb \times tradeper$	0.322	1.03	−3.651	−0.92
$A \times er$	−0.156**	−2.34	−0.732	−0.79
$A(-1) \times er(-1)$	−0.0071	−1.56	0.0094	0.63
$A(-2) \times er(-2)$	0.0026	0.95	0.0219	1.55
$D \times er$	0.0590	0.34	−1.262	−0.86
$D(-1) \times er(-1)$	0.0008	0.33	0.0089	0.69

续表

变量	Thompson 稳健标准误估计结果		系统 GMM 估计结果	
	系数	t 值	系数	t 值
$D(-2) \times er(-2)$	0.0056*	1.95	0.0081	1.19
N	1550		1550	
AR(1) p 值			0.00513	
AR(2) p 值			0.491	
Hansen p 值			0.306	

注：*tradeper* 表示各省与"一带一路"沿线国家的进出口贸易额与该省贸易总额之比，其余变量含义与前文一致。

如表6-9的结果所示，人民币升值、汇率、"一带一路"以及贸易占比的交互项（$A \times er \times rb \times tradepe$）显著为负，求导可得各省的汇率传递系数为 -3.555 乘以各省贸易占比，说明"一带一路"倡议实施后，人民币升值使进口价格显著下降，人民币贬值对进口价格没有显著影响，这一结论与 DID 分析基本一致。

七、结论和启示

本章首先分析了汇率传递非对称的理论基础；其次，针对"一带一路"倡议实施之后各省主要贸易伙伴的动态变化，构建了省际人民币名义有效汇率指数，采用面板数据模型，研究了人民币升值和贬值对各省进口价格水平的非对称传递效应；再次，从进口产品结构视角对进口汇率传递的省际异质性做了解释；最后，采用双重差分法分析了"一带一路"倡议的实施对进口汇率传递效应的影响。研究发现，第一，整体来看，西部省份的汇率传递效应普遍大于沿海地区。人民币汇率传递存在非对称性效应，各省人民币汇率对进口价格的非对称传递效应存在明显异质性，且具有一定的区域特征，珠三角地区、长江流域或与之相邻的地区，人民币贬值的传递效应大于升值，或者升值反而促使企业进一步提升进口价格（以人民币计价）。第二，各省资本密集型产品的进口占比越大，人民币贬值越能促使进口价格上升，说明对于资本密集型产品的进口，我国定价权不足。第三，"一带一路"倡议整体上提升了中国在国际进口市场中的定价权，特别是在劳动密集型产品的进口上，中国的定价权大幅提高。具体而言，"一带一路"倡议实施前，随着劳动密集型产品进口占比的上升，人民币贬值使我国的进口价格大幅上升，但"一带一路"倡议实施后，随着劳动密集型产品进口占比的上升，人民币贬值反而使进口价格微幅下降，这很可能是因为"一带一路"倡议提高了中国在劳动密集型产品进口市场中的定价权。

针对以上结论，本章得到以下几点启示。

第一，省际进口汇率传递效应具有明显的异质性特征，经济越发达的省份，汇率传递效应越小，因此，汇率传递效应越小的省份，汇率变动对进口贸易的影响越小，反之则相反。从这个意义上讲，我国进口贸易政策的制定，要考虑汇率因素对不同省份影响的差异。

第二，尽管大部分省份人民币升值的汇率传递效应大于贬值，但对于资本密集型产品进口占比越大的省份而言，人民币贬值对进口价格的传递效应越大，即人民币贬值后，外国出口企业大幅提高产品在目的国市场的销售价格，这一定程度上说明了我国在资本密集型产品进口方面普遍缺少定价权。因此，未来中国需要进一步加强技术创新，特别需要对高科技产品持续加大研发力度，减少对欧美市场的依赖。

第三,"一带一路"倡议对省际人民币汇率传递效应产生了较大的影响。随着"一带一路"倡议的稳步实施,各省从"一带一路"沿线国家进口的贸易占比越大,人民币升值对进口价格的抑制效应越明显,但贬值的汇率传递效应不显著,即升值的汇率传递效应大于贬值,说明"一带一路"倡议提高了中国进口市场的竞争程度,增强了中国的市场定价权。因此,面对全球贸易摩擦加剧和中美经贸关系日益错综复杂的现实,进一步发展中国自"一带一路"沿线国家的进口贸易,一定程度上有利于改善中国的进口贸易环境。

人民币汇率
传递效应研究

The Study on
RMB Exchange Rate
Pass-through Effect

第七章

研究结论与研究展望

本书主要考察了人民币汇率变动对中国进口价格以及国内 CPI 的传递效应。研究分为三大篇：宏观篇、微观篇以及综合篇。宏观篇主要研究了人民币汇率变动对我国整体进口价格、国内物价整体水平的影响；微观篇主要考察了人民币汇率变动对我国行业进口价格的影响，其中单独分析了对原油进口价格水平的影响；综合篇则主要研究了人民币汇率对省际进口汇率传递效应的影响，并基于进口行业结构视角进行了解释。

一、宏观研究的主要结论

在美国次贷危机爆发以前，无论采用 OLS 回归模型还是自回归分布滞后模型，均得到人民币汇率传递不完全的结论。在样本考察期间，我国人民币汇率传递效应总体呈现下降趋势。通货膨胀率、汇率波动率及真实 GDP 都显著地影响人民币汇率传递效应，其中，通货膨胀率与汇率传递效应存在正向关系且对汇率传递效应的影响最大，为主导因素。汇率波动率与汇率传递效应两者之间存在负向关系，这与国外许多相关研究成果的结论正好相反。真实 GDP 与汇率传递效应间的负向关系表明，配送成本降低了汇率传递效应，且随着巴拉萨—萨缪尔森效应的增强和劳动力成本的提高，配送成本的影响将逐步扩大。

本书单独考察了自 2005 年 7 月汇改至 2008 年 2 月（美国次贷危机开始影响中国）汇率变动对我国物价水平的影响。研究表明，人民币名义有效汇率变动对进口价格的传递是不完全的，人民币名义有效汇率每变动 1 个百分点，进口价格指数仅变化 0.22 个百分点；人民币名义有效汇率与国内物价水平存在负相关性，这与以往的研究结论恰好是相反的。对此，研究从人民币升值预期和人民币均衡汇率两个视角做了解释。全球产品价格指数并非影响我国国内物价水平的最重要的因素，我国经济体具备较强的抵御外来冲击的能力。

本书运用滚动回归分析方法考察了人民币汇率变动对进口价格传递效应的动态发展趋势；通过设置虚拟变量、运用门限模型等计量方法从汇率变动方向和汇率变动幅度两个层面考察了人民币汇率传递的非对称性。研究表明，人民币汇率变动对进口价格传递效应总体呈现动态下降趋势。人民币汇率变动对进口价格的传递存在非对称性：一方面，人民币贬值对进口价格存在较高的传递效应，而人民币升值对进口价格的传递效应较小；另一方面，人民币汇率波幅越大，对进口价格的传递效应越大。

二、微观研究的主要结论

本书采用面板数据两阶段工具变量法和滚动回归计量方法，首先研究了 1996 年 10 月至 2011 年 10 月人民币汇率变动对进口价格的整体传递效应、传递效应变动趋势以及 2005 年 7 月汇改前后汇率传递效应的差异；其次，将海关统计中 97 章所有代表性产品进行集结和分类，归并为 13 大行业，同时构建行业进口价格指数和行业汇率指数，首次研究了人民币行业汇率变动与 13 大行业进口价格的关系；最后，考察了汇率传递与通货膨胀的关系。研究表明，人民币汇率传递效应整体较小，在 13 大行业中，汇率变动对纺织、塑料、化学等劳动密集型和简单技术产品的进口价格存在很小的传递效应；原油、黑色金属、有色金属等矿产类产品的进口价格对汇率变动基本不敏感；通用、专用设备以及电器行业存在相对较强的逆传递效应，交通运输行业和电子信息行业的进口价格对汇率变动基本上无反应；而煤炭、造纸以及食品类行业存在较强的汇率传递效应；汇率传递效应对中国的通货膨胀影响极为有限，中国的通货膨胀更多地由实体经济因素决定。

本书考察了人民币汇率变动对原油进口价格传递效应的非对称性。结论表明，第一，人民币汇率变动对原油进口价格存在较强的传递效应，部分时间存在超传递现象和逆传递现象。第二，汇率变动对原油进口价格的传递效应总体上并未出现下降趋势，而呈现时大时小的特征，汇率变动对原油进口价格的传递效应与通货膨胀两者之间存在一定的负向关系，这与以往研究从宏观层面得到的结论截然不同。第三，无论本书单独考察升值和贬值条件下人民币汇率对原油进口价格传递的非对称性，还是加入汇率变动幅度这一约束条件来分析，本书均得到贬值的传递效应大于升值传递效应的结论。同时，汇率波动幅度大于某一特定临界值时，传递效应显著；反之，则不存在传递效应。

三、综合研究的主要结论

综合研究首先分析了汇率传递非对称的理论基础。其次，针对"一带一路"倡议实施之后各省主要贸易伙伴的动态变化，构建了省际人民币名义有效汇率指数，采用面板数据模型，研究了人民币升值和贬值对各省进口价格水平的非对称传递效应。再次，从进口产品结构视角对进口汇率传递的省际异质性做了解释。最后，采用双重差分法分析了"一带一路"倡议对进口汇率传递效应的影响。研究发现，第一，整体来看，西部省份的汇率传递效应普遍大于沿海地区。人民币汇率传递存在非对称性效应，各省人民币汇率对进口价格的非对称传递效应存在明显异质性，且具有一定的区域特征，珠三角地区、长江流域或与之相邻的地区，人民币贬值的传递效应大于升值，或者升值反而促使企业进一步提升进口价格（以人民币计价）。第二，各省资本密集型产品的进口占比越大，人民币贬值越能促使进口价格上升，说明对于资本密集型产品的进口，我国定价权不足。第三，"一带一路"倡议从整体上提升了中国在国际进口市场中的定价权，特别是在劳动密集型产品的进口上，中国的定价权大幅提高。具体而言，"一带一路"倡议实施前，随着劳动密集型产品进口占比的上升，人民币贬值使我国的进口价格大幅上升，但"一带一路"倡议实施后，随着劳动密集型产品进口占比的上升，人民币贬值反而使进口价格微幅下降，这很可能是因为"一带一路"倡议提高了中国在劳动密集型产品进口市场中的定价权。

四、未来展望

有关人民币汇率传递问题的研究，可以从以下几个方面展开。

第一，现有研究普遍将汇率变动视为外生变量，假定汇率变动 1
个单位，对物价水平的传递效应有多大，对于不同原因引起汇率变动，
从而对物价水平的传递效应大小存在怎样的不同，基本没有考虑。比如，
需求冲击导致人民币升值与利率提高所致人民币升值，两种不同的冲
击对物价水平的传递效应应该会有不同，这一问题值得研究。Forbes
等（2018）研究发现，国内需求冲击所导致的汇率变动的传递效应相
对较小，而货币冲击导致的汇率变动的传递效应相对较大。另外，研
究还发现，英镑在美国次贷危机之前的大幅贬值，使英国进口价格大
幅度上升，且上升幅度远超预期，然而 2013—2015 年英镑升值的影响
相对较小。

第二，现有研究普遍没有考虑邻国（或竞争国）汇率变动对本国
汇率传递的影响。具体而言，以中国从美国进口产品为例，按照现有
研究易知，人民币对美元汇率会影响中国从美国进口产品的价格。假
定日本为同类产品供给者，那么人民币对日元汇率变动通过影响中国
从日本进口产品的价格，对中国从美国进口产品的价格带来一定的影
响，这一影响程度称为邻国汇率传递效应。这一问题值得我们后续进
行研究。

人民币汇率
传递效应研究

The Study on
RMB Exchange Rate
Pass-through Effect

参考文献

[1] 毕玉江，朱钟棣.人民币汇率变动的价格传递效应——基于协整与误差修正模型的实证研究 [J]. 财经研究，2006 (7)：53-62.

[2] 卜永祥.人民币汇率变动对国内物价水平的影响 [J]. 金融研究，2001 (3)：78-88.

[3] 曹伟.依市定价与汇率传递不完全：发展历史与研究进展评述 [J]. 世界经济，2016(9)：53-73.

[4] 曹伟，倪克勤.人民币汇率变动的不完全传递——基于非对称性视角的研究 [J]. 数量经济技术经济研究，2010(7)：105-118.

[5] 曹伟，万谍，金朝辉，钱水土."一带一路"背景下人民币汇率变动的进口价格传递效应研究 [J]. 经济研究，2019 (06)：136-150.

[6] 曹伟，申宇.人民币汇率传递、行业进口价格与通货膨胀：1996～2011[J]. 金融研究，2013 (10)：68-80.

[7] 曹伟，赵颖岚，倪克勤.汇率传递与原油进口价格关系——基于非对称性视角的研究 [J]. 金融研究，2012 (7)：123-136.

[8] 陈六傅,刘厚俊.人民币汇率的价格传递效应——基于 VAR 模型的实证分析 [J].金融研究,2007 (4):1-13.

[9] 陈学彬,李世刚,芦东.中国出口汇率传递率和盯市能力的实证研究 [J].经济研究,2007 (12):106-117.

[10] 符大海,张莹,卢伟.人民币汇率对国内物价传递效应的再估计:基于中国省级面板的证据 [J].宏观经济研究,2017 (1):82-96.

[11] 韩剑,郑秋玲,邵军.多产品企业、汇率变动与出口价格传递 [J].管理世界,2017 (8):14-26.

[12] 贺本岚,石勇,朱含蓄,陈道斌.人民币汇率对我国细分行业价格的传递效应研究 [J].管理评论,2017 (8):3-12.

[13] 胡冬梅,郑尊信,潘世明.汇率传递与出口商品价格决定:基于深圳港 2000 ~ 2008 年高度分解面板数据的经验分析 [J].世界经济,2010(6):45-59.

[14] 姜昱,邢曙光,杨胜刚.人民币汇率传递的不对称效应 [J].广东金融学院学报,2010(4):14-21.

[15] 吕剑.人民币汇率变动对国内物价传递效应的实证分析 [J].国际金融研究,2007(8):53-61.

[16] 刘亚,李伟平,杨宇俊.人民币汇率变动对我国通货膨胀的影响:汇率传递视角的研究 [J].金融研究,2008 (3):28-41.

[17] 倪克勤,曹伟.人民币汇率变动的不完全传递研究:理论及实证 [J].金融研究,2009 (6):44-59.

[18] 潘长春.人民币汇率变动的价格传递效应——基于 TVP-SV-VAR 模型的实证检验 [J].国际贸易问题,2017 (4):141-152.

[19] 施建淮,傅雄广,许伟.人民币汇率变动对我国价格水平的传递

[J]. 经济研究，2008 (7)：52-64.

[20] 王晋斌，李南. 中国汇率传递效应的实证分析 [J]. 经济研究，2009 (4)：17-27+140.

[21] 王胜，伯雯，李保霞. 人民币汇率、市场份额与出口价格 [J]. 世界经济研究，2018 (11)：65-77.

[22] 伍戈. 对中国通货膨胀的实证研究——从一般到特殊的建模方法 [J]. 数量经济技术经济研究，2011(6)：52-63.

[23] 徐奇渊. 人民币汇率对 CPI 的传递效应分析 [J]. 管理世界，2012 (1)：59-66.

[24] 项后军，许磊. 汇率传递与通货膨胀之间的关系存在中国的"本土特征"吗 ?[J]. 金融研究，2011 (11)：74-87.

[25] 许伟，傅雄广. 人民币名义有效汇率对进口价格的传递效应研究 [J]. 金融研究，2008 (9)：77-90.

[26] 易靖韬，刘昕彤，蒙双. 中国出口企业的人民币汇率传递效应研究 [J]. 财贸经济，2019 (5)：112-126.

[27] 张会清，翟孝强. 全球价值链、汇率传递与出口贸易弹性 [J]. 世界经济研究，2019 (2)：85-98.

[28] 张天顶，宋一平. 生产率差异、定价决策与企业层面的汇率传递效应 [J]. 世界经济研究，2017 (10)：25-33.

[29] 赵留彦. 中国核心通胀率与产出缺口经验分析 [J]. 经济学(季刊)，2006 (3)：1197-1218.

[30] 中国人民银行营业管理部课题组，杨国中，李宏瑾. 基于生产函数法的潜在产出估计、产出缺口及与通货膨胀的关系：1978 ～ 2009[J]. 金融研究，2011 (3)：42-50.

[31] 邹宏元，张杰，王挺. 中国分行业的汇率传递机制——基于出口价格角度 [J]. 财经科学，2017 (12)：40-54.

[32] AL-ABRI A S，GOODWIN B K. Re-examining the exchange rate pass-through into import prices using non-linear estimation techniques：Threshold cointegration[J]. International Review of Economics & Finance，2009，18(1)：142-161.

[33] ALEXIUS A，Vredin A. Pricing-to-market in Swedish Exports[J]. Scandinavian Journal of Economics，1999，101(2)：223-239.

[34] ATHUKORALA P. Exchange rate pass-through：The case of Korean exports of manufactures[J]. Economics Letters，1991，35(1)：79-84.

[35] ATKESON A，BURSTEIN A. Pricing-to-market，trade costs，and international relative prices[J]. American Economic Review，2008，98(5)：1998-2031.

[36] AUER R A，CHANEY T，SAURÉ P. Quality pricing-to-market[R]. Mimeo，Swiss National Bank and CEPR No.2012-11，2012.

[37] BAILLIU J，FUJII E. Exchange rate pass-through and the inflation environment in industrialized countries：An empirical investigation[R]. Bank of Canada Working Paper No.04-21，2004.

[38] BALDWIN R，HARRIGAN J. ZEROS，quality，and space：Trade theory and trade evidence[J]. American Economic Journal：Microeconomics，2011，3(2)：60-88.

[39] BALDWIN R，KRUGMAN P. Persistent trade effects of large exchange rate shocks[J]. The Quarterly Journal of Economics，1989，104(4)：635-654.

[40] BANIK N, BISWAS B. Exchange rate pass-through in the US automobile market: A cointegration approach[J]. International Review of Economics & Finance, 2007, 16(2): 223-236.

[41] BARHOUMI K. Differences in long run exchange rate pass-through into import prices in developing countries: An empirical investigation[J]. Economic Modelling, 2006, 23(6): 926-951.

[42] BASILE R, DE NARDIS S, Girardi A. Pricing to market, firm heterogeneity and the role of quality[J]. Review of World Economics, 2012, 148(4): 595-615.

[43] BEN CHEIKH N. Asymmetric exchange rate pass-through in the Euro area: New evidence from smooth transition models[J]. Economics: The Open-Access, Open-Assessment E-Journal, 2012, 6(2012-39): 1-28.

[44] BERGER D, CHABOUD A, HJALMARSSON E. What drives volatility persistence in the foreign exchange market? [J]. Journal of Financial Economics, 2009, 94(2): 192-213

[45] BERMAN N, MARTIN P, MAYER T. How do different exporters react to exchange rate changes?[J]. The Quarterly Journal of Economics, 2012, 127(1): 437-492.

[46] BERNHOFEN D M, XU P. Exchange rates and market power: Evidence from the petrochemical industry[J]. Journal of International Economics, 2000, 52(2): 283-297.

[47] BHATTACHARYA P S, THOMAKOS D D. Forecasting industry-level CPI and PPI inflation: Does exchange rate pass-through

matter?[J]. International Journal of Forecasting, 2008, 24(1): 134-150.

[48] BHATTACHARYA P S, KARAYALCIN C A, THOMAKOS D D. Exchange rate pass-through and relative prices: An industry-level empirical investigation[J]. Journal of International Money and Finance, 2008, 27(7): 1135-1160.

[49] BURSTEIN A, EICHENBAUM M, REBELO S. Why is inflation so low after large devaluations?[R]. IEHAS Discussion Papers No.MT-DP-2003/8, 2003.

[50] BURSTEIN A T, NEVES J C, REBELO S. Distribution costs and real exchange rate dynamics during exchange-rate-based stabilizations[J]. Journal of Monetary Economics, 2003, 50(6): 1189-1214.

[51] CALVO G A, REINHART C M. Fear of Floating[J]. NBER Working Paper No.7993, 2000.

[52] CAMPA J M, GOLDBERG L S. Exchange rate pass-through into import prices: A macro or micro phenomenon?[R]. NBER Working Paper No. 8934, 2002.

[53] CAMPA J M, MÍNGUEZ J M G. Differences in exchange rate pass-through in the euro area[J]. European Economic Review, 2006, 50(1): 121-145.

[54] CERRA V, SAXENA S C. What caused the 1991 currency crisis in India?[R]. IMF staff papers, 49(3): 395-425, 2002.

[55] CHATTERJEE A, DIX-CARNEIRO R, VICHYANOND J. Multi-product firms and exchange rate fluctuations[J]. American Eco-

nomic Journal: Economic Policy, 2013, 5(2): 77-110.

[56] CHEN N, JUVENAL L. Quality, trade, and exchange rate pass-through[J]. Journal of International Economics, 2016, 100: 61-80.

[57] CHOUDHRI E U, HAKURA D S. Exchange rate pass-through to domestic prices: Does the inflationary environment matter?[J]. Journal of International Money and Finance, 25(4): 614-639.

[58] CHOUDHRI E U, FARUQEE H, HAKURA D S. Explaining the exchange rate pass-through in different prices[J]. Journal of International Economics, 2005, 65(2): 349-374.

[59] CUNNINGHAM A, HALDANE A. The monetary transmission mechanism in the United Kingdom: pass-through & policy rules[R]. Central Bank of Chile Working Paper No.83, 2000.

[60] CORSETTI G, DEDOLA L. A macroeconomic model of international price discrimination[J]. Journal of International Economics, 2005, 67(1): 129-155.

[61] COUGHLIN C C, POLLARD P S. Size matters: asymmetric exchange rate pass-through at the industry level[R]. University of Nottingham Research Paper Series No. 2004/13, 2004.

[62] CRINÒ R, EPIFANI P. Productivity, quality and export behaviour[J]. The Economic Journal, 2012, 122(565): 1206-1243.

[63] DEKLE R, JEONG H, RYOO H. A re-examination of the exchange rate disconnect puzzle: Evidence from firm level data[J]. Mimeo, University of Southern California, 2009.

[64] DEVEREUX M B. Real exchange rates and macroeconomics:

Evidence and theory[J]. Canadian Journal of Economics, 1997, 30(4): 773-808.

[65] DEVEREUX M B, YETMAN J. Price setting and exchange rate pass-through: theory and evidence[R]. HKIMR Working Paper No. 22/2002, 2002.

[66] DIXIT A. Hysteresis, import penetration, and exchange rate pass-through[J]. The Quarterly Journal of Economics, 1989, 104(2): 205-228.

[67] DORNBUSCH R. Expectations and exchange rate dynamics[J]. Journal of Political Economy, 1976, 84(6): 1161-1176.

[68] DORNBUSCH R. Exchange rates and prices[J]. The American Economic Review, 1987, 77: 93-106.

[69] ENGEL C. On the relationship between pass-through and sticky nominal prices[R]. Hong Kong Institute for Monetary Research Working Paper No. 11/2004, 2004.

[70] FEENSTRA R C, GAGNON J E, KNETTER M M. Market share and exchange rate pass-through in world automobile trade[J]. Journal of International Economics, 1996, 40(1-2): 187-207.

[71] FEINBERG R M. The effects of foreign exchange movements on US domestic prices[J]. The Review of Economics and Statistics, 1989, 71(3): 505-511.

[72] FITZGERALD D, HALLER S. Pricing-to-market: evidence from plant-level prices[J]. Review of Economic Studies, 2013, 81(2): 761-786.

[73] FRANKEL J A, Parsley D C, Wei S J. Slow passthrough around the world: a new import for developing countries?[R].KSG Working Paper No. RWP05-016, 2005.

[74] FROOT K A, KLEMPERER P D. Exchange Rate Pass-Through When Market Share Matters[J]. The American Economic Review, 1989, 79(4): 637.

[75] FUJII E. Exchange rate pass-through in the deflationary Japan: how effective is the yen's depreciation for fighting deflation?[R]. CESifo Working Paper Series No. 1134, 2004.

[76] GAGNON J, IHRIG J E. Monetary policy and exchange rate pass-through[J]. FRB International Finance Discussion Paper, 2001.

[77] GAGNON J E, IHRIG J. Monetary policy and exchange rate pass-through[J]. International Journal of Finance & Economics, 2004, 9(4): 315-338.

[78] GAGNON J E, KNETTER M M. Markup adjustment and exchange rate fluctuations: evidence from panel data on automobile exports[J]. Journal of International Money and Finance, 1995, 14(2): 289-310.

[79] GAULIER G, LAHRÈCHE‐RÉVIL A, MÉJEAN I. Exchange-rate pass-through at the product level[J]. Canadian Journal of Economics/ Revue canadienne d'économique, 2008, 41(2): 425-449.

[80] GHOSH A, RAJAN R S. Exchange rate pass-through in Korea and Thailand: Trends and determinants[J]. Japan and the World Economy, 2009, 21(1): 55-70.

[81] GIL-PAREJA S. Exchange rates and European countries' export

prices: An empirical test for asymmetries in pricing to market be-havior[J]. Weltwirtschaftliches Archiv, 2000, 136(1): 1-23.

[82] GOLDBERG L S, CAMPA J M. Distribution margins, imported inputs, and the sensitivity of the CPI to exchange rates[R]. NBER Working Paper No. 12121, 2006.

[83] GOLDBERG P K. Product differentiation and oligopoly in interna-tional markets: The case of the US automobile industry[J]. Econo-metrica, 1995, 63(4): 891-951.

[84] GOLDBERG P K, KNETTER M M. Goods prices and exchange rates: What have we learned?[J]. Journal of Economic Literature, 1997, 35(3): 1243-1272.

[85] GOLDFAJN I, WERLANG S R C. The pass-through from depreci-ation to inflation: a panel study[R]. Central Bank of Brazil Working Papers Series 5, 2000.

[86] GOPINATH G, ITSKHOKI O, RIGOBON R. Currency choice and exchange rate pass-through[J]. American Economic Review, 2010, 100(1): 304-36.

[87] HAKURA D S, CHOUDHRI E U. Exchange Rate Pass-Through to Domestic Prices: Does the Inflationary Environment Matter?[R]. IMF Working Paper No. 01/194, 2001.

[88] HALLAK J C. Product quality and the direction of trade[J]. Journal of International Economics, 2006, 68(1): 238-265.

[89] HALLAK J C, SIVADASAN J. Firms' exporting behavior under quality constraints[R]. NBER Working Paper No. 14928, 2009.

[90] HALLAK J C, SIVADASAN J. Firms' Exporting Behavior under Quality Constraints[C]. Research Seminar in International Economics, University of Michigan Working Papers No.628, 2011.

[91] HAMPTON T. How much do import price shocks matter for consumer prices?[R]. Reserve Bank of New Zealand Working Paper No. DP2001/6, 2001.

[92] HANSEN B E. Inference when a nuisance parameter is not identified under the null hypothesis[J]. Econometrica: Journal of the Econometric Society, 1996, 64: 413-430.

[93] HANSEN B E. Threshold effects in non-dynamic panels: Estimation, testing, and inference[J]. Journal of Econometrics, 1999, 93(2): 345-368.

[94] HANSEN B E. Sample splitting and threshold estimation[J]. Econometrica, 2000, 68(3): 575-603.

[95] HUMMELS D, KLENOW P J. The variety and quality of a nation's exports[J]. American Economic Review, 2005, 95(3): 704-723.

[96] IMBS J M, MEJEAN I. Elasticity Optimism[R]. CEPR Discussion Paper No.7177, 2009.

[97] ITO T, SATO K. Exchange rate changes and inflation in post-crisis Asian Economies: Vector Autoregression Analysis of the exchange rate pass-through[J]. Journal of Money, Credit and Banking, 2008, 40(7): 1407-1438.

[98] JOHNSON R C. Trade and prices with heterogeneous firms[J]. Journal of International Economics, 2012, 86(1): 43-56.

[99] JUNTTILA J, KORHONEN M. The role of inflation regime in the exchange rate pass-through to import prices[J]. International Review of Economics & Finance, 2012, 24: 88-96.

[100] KADIYALI V. Exchange rate pass-through for strategic pricing and advertising: An empirical analysis of the US photographic film industry[J]. Journal of International Economics, 1997, 43(3-4): 437-461.

[101] KASA K. Adjustment costs and pricing-to-market theory and evidence[J]. Journal of International Economics, 1992, 32(1-2): 1-30.

[102] Kenny G, McGettigan D. Exchange rate pass-through and Irish import prices[R]. Central Bank of Ireland Working Paper No. 6/RT/96, 1996.

[103] KHUNDRAKPAM J. Economic reforms and exchange rate pass-through to domestic prices in India[R]. BIS Working Paper No. 225, 2007.

[104] KNETTER M M. Price discrimination by US and German exporters[J]. The American Economic Review, 1989, 79(1): 198-210.

[105] KNETTER M M. Is export price adjustment asymmetric?: evaluating the market share and marketing bottlenecks hypotheses[J]. Journal of International Money and Finance, 1994, 13(1): 55-70.

[106] KNETTER M M. International Comparisons of Price-to-Market Behavior[J]. American Economic Review, 1993, 83(3): 473-486.

[107] KRUGMAN P R. Pricing to Market When the Exchange Rate Changes[R]. NBER Working Paper No.1926, 1986.

[108] KUGLER M, VERHOOGEN E. Prices, Plant Size, and Product

Quality[J]. Review of Economic Studies，2012，79(1)：307-339.

[109] LAFLÈCHE T. The impact of exchange rate movements on consumer prices[J]. Bank of Canada review，1996(Winter)：21-32.

[110] MALLICK S，MARQUES H. Pricing to market with trade liberalization：The role of market heterogeneity and product differentiation in India's exports[J]. Journal of International Money and Finance，2012，31(2)：310-336.

[111] MANN C L. Prices，Profits Margins，and Exchange Rate[J]. Federal Reserve Bulletin，1986，72：366-379.

[112] MANOVA K，ZHANG Z. Multi-Product Firms and Product Quality[R]. NBER Working Paper No. 18637，2012.

[113] MARAZZI M，SHEETS N. Declining exchange rate pass-through to US import prices：The potential role of global factors[J]. Journal of international Money and Finance，2007，26(6)：924-947.

[114] MARAZZI M，SHEETS N，VIGFUSSON R J，FAUST J，GAGNON J，MARQUEZ J，MARTIN R F，REEVE T，ROGERS J. Exchange rate pass-through to US import prices：some new evidence[R]. Board of Governors of the Federal Reserve System，Interntional Finance Discussion Paper No.833，2005.

[115] MARSTON R C. Pricing to market in Japanese manufacturing[J]. Journal of International Economics，1990，29(3-4)：217-236.

[116] MCCARTHY J. Pass-through of exchange rates and import prices to domestic inflation in some industrialised economies[R]. BIS Working Paper No.79，1999.

[117] MELITZ M J, OTTAVIANO G I P. Market size, trade, and productivity[J]. The review of economic studies, 2008, 75(1): 295-316.

[118] MENON J. Exchange rate pass‐through[J]. Journal of Economic Surveys, 1995, 9(2): 197-231.

[119] MISHKIN F S. Exchange rate pass-through and monetary policy[R]. NBER Working Paper No.13889, 2008.

[120] NOGUEIRA R P. Inflation targeting, exchange rate pass-through and fear of floating[R]. University of Kent, Department of Economics Discussion Paper No.06, 05, 2006.

[121] OBSTFELD M, ROGOFF K. Exchange rate dynamics redux[J]. Journal of Political Economy, 1995, 103(3): 624-660.

[122] OBSTFELD M, ROGOFF K. New directions for stochastic open economy models[J]. Journal of international economics, 2000, 50(1): 117-153.

[123] OHNO K. Export Pricing Behavior of Manufacturing: US-Japan Comparison[R]. IMF Working Papers No.88/78, 1988.

[124] OTANI A, SHIRATSUKA S, SHIROTA T. The Decline in the Exchange Rate Pass-Through: Evidence from Japanese Import Prices[J]. Monetary and Economic Studies, 2003, 21(3): 53-81.

[125] OTANI A, SHIRATSUKA S, SHIROTA T. Revisiting the decline in the exchange rate pass-through: further evidence from Japan's import prices[J]. Monetary and Economic Studies, 2006, 24(1): 61-75.

[126] REYES J. Exchange rate passthrough effects and inflation targeting in emerging economies: what is the relationship?[J]. Review of In-

ternational Economics, 2007, 15(3): 538-559.

[127] ROODMAN D. Through the Looking Glass, and What OLS Found There: On Growth, Foreign Aid, and Reverse Causality[R]. Center for Global Development Working Paper No.137, 2008.

[128] SCHOTT P K. Across-product versus within-product specialization in international trade[J]. The Quarterly Journal of Economics, 2004, 119(2): 647-678.

[129] SIBERT A. Can unconventional preferences explain risk premia in the foreign exchange markets?[R]. Federal Reserve Bank of Kansas City, Research Working Paper No. 92-02, 1992.

[130] TAYLOR J B. Low inflation, pass-through, and the pricing power of firms[J]. European Economic Review, 2000, 44(7): 1389-1408.

[131] WEBBER A G. Newton's gravity law and import prices in the Asia Pacific[J]. Japan and the World Economy, 2000, 12(1): 71-87.

[132] WINDMEIJER F. A finite sample correction for the variance of linear efficient two-step GMM estimators[J]. Journal of Econometrics, 2005, 126(1): 25-51.

[133] YANG J. Is exchange rate pass-through symmetric? Evidence from US imports[J]. Applied Economics, 2007, 39(2): 169-178.

[134] YOSHIDA Y. New evidence for exchange rate pass-through: Disaggregated trade data from local ports[J]. International Review of Economics & Finance, 2010, 19(1): 3-12.

人民币汇率
传递效应研究

The Study on
RMB Exchange Rate
Pass-through Effect

后 记

　　我长期致力于汇率问题研究。本书的主体部分（第一章、第三章、第四章、第六章）曾发表于《经济研究》《世界经济》《金融研究》《数量经济技术经济研究》等国内权威期刊。

　　自 2005 年 7 月 21 日人民币汇率形成机制改革以来，人民币不再盯住美元。近年来，人民币汇率波动加剧，有关人民币汇率变动对中国经济影响的研究层出不穷。其中，我关注的是人民币汇率变动如何影响进口价格，进而影响国内物价水平这一问题，并为此跟踪研究了近十年，最终形成了本书的宏观研究、微观研究以及综合研究三个部分。本书基于宏观、微观以及综合三个视角，主要回答了人民币汇率变动对进口物价水平以及国内物价水平的影响，并重点阐述了"一带一路"倡议对人民币汇率传递效应的影响。

　　本书的完成得益于许多人的支持、关心和帮助。我要特别感谢我的导师倪克勤教授为我打开了学术之门。博士论文选题、就业选择以及参加工作后赴美国做访学研究工作，一路走来，恩师给予了我悉心指导和无私帮助。在学术成长的道路上，西南财经大学赵静梅教授、赵小梅老师、何华老师也给予了我很大的支持和帮助。感谢一路陪我度过美好求学时光的同窗好友和学术朋友，感谢单位领导为我提供了宽松的学术环境，让我有足够的精力完成本书的撰写。

此外，感谢国家社会科学基金青年项目"人民币汇率变动和邻国效应对中国与'一带一路'沿线国家双边贸易的影响研究"（立项号：16CJY078）、教育部人文社会科学基金规划项目"汇率传递的省际效应和区域特征"（立项号：15YJA790002）以及浙江省自然科学基金一般项目"'新常态'下人民币汇率传递效应及其影响因素研究：基于省际视角"（立项号：LY17G030007）的资助。感谢中国金融出版社任娟老师出色的编辑工作，没有她的辛勤付出，本书就无法顺利出版。在本书部分章节的撰写中，我指导的研究生金朝辉和同事万谍给予了很大的支持，我指导的研究生刘君军在我交稿之前为本书做了大量细致入微的编排工作，东海基金管理有限责任公司上海总部的孙介武在数据处理方面给予了我很大的支持，在此一并表示感谢！

最后，我要特别感谢我的家人。"谁言寸草心，报得三春晖。"从我记事起，父母就竭尽所能，为我营造良好的成长环境。父母的无私力挺，给予了我不断前行的动力。工作后，我与父母聚少离多，对此我无比愧疚，希望父母健康长寿，争取在他们的迟暮之年，能多给他们一些陪伴。还要感谢我的四位姐姐和姐夫对我的深切关

爱。同时，我要感谢我的妻子蔡晓天女士，感谢她对我工作的理解
和支持；感谢我可爱的儿子，让我在学术研究之余，享受到无尽的
天伦之乐。

曹　伟

2020 年 6 月 30 日于杭州